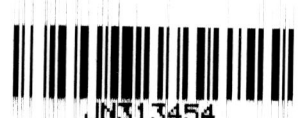

積立で1億円準備する「お金育て術」

Q&A

山中伸枝…著

セルバ出版

はじめに

家庭人として役割をしっかりこなしながらも１人の女性として輝きを失わない30代、40代のエレガントな女性のみなさん、この本は、家庭も仕事も精いっぱい頑張っている女性のみなさんに、毎日の暮らしをますますエンジョイしていただきたいと思い書きました。

私は、ファイナンシャルプランナーとして、お客様の生活設計のお手伝いをしています。アドバイスをするときのモットーは、“心もお財布も幸せに！”です。お財布だけがお腹いっぱいになっても、心がいっぱいでなければ本当の幸せじゃない、そんなふうに考えて日々お客様がお金の不安から解放されるようにとアドバイスをさせていただいています。

私のお客様の多くは、働く女性。正社員として働く方、派遣で働く方、パートで働く方、フリーランスで働く方、子育てのためにお仕事をお休み中の方などなど働き方はさまざまですが、みなさんは、一生懸命家族のために収入を増やそう、貯金をしようと頑張っていらっしゃいます。

そんなエレガントなみなさんからよくこんな質問をお受けします。

「夫婦で働くことで確かに収入は増えたけれど、なかなか貯金が増えない。どうして？」

「忙しくてお金はほったらかしのどんぶり勘定。我が家の家計は本当にこれで大丈夫？」

そう、ほとんどの人はお金に対し苦手意識を持ち、将来に不安を抱えているのです。

この本では、そんな女性のみなさんのためにお金との付合い方のコツをご説明しています。「こうすればお金が儲かる」ではなく、家族が安心して暮らせること、子どもが十分な教育を受け自立した大人になること、豊かな老後を過ごせることという、家族の幸せをかなえるためのお金との付合い方です。

私がファイナンシャルプランナーとしてお手伝いしている方の中には、お金との付合い方がわかったら、人生に前向きになりいろんなことにチャレンジしようと思うようになったという方が多くいらっしゃいます。経済的な基盤の築き方を知っている人は、家族の夢を実現させるための力がついてくるんですね。

お金は子どもと同じで手をかけ愛情をかけ時間をかけて育てるものです。お金だって、よりよい環境ですくすくと成長させたいですよね。そのためにはちょっとしたノウハウは必要です。

お金の知識を持ち人生に前向きに取り組む女性はとってもエレガント。あなたにいつまでも輝いていてもらいたいから、エレガントさんのお金育て術を贈ります。

忙しいあなたが、無理なく実行できるお金との付合い方、ぜひ参考にしてください。

本書があなたの幸せに少しでもお役にたてれば幸いです。

平成21年３月

ワイズライフFPコンサルタント
ファイナンシャルプランナー　山　中　伸　枝

積立で１億円準備する「お金育て術」Q&A　目　次

8　家計収入をアップして積立額を増やす術は

9　マネーセンスをアップしてお金の成長を早める術は

10　エレガントさんのお金育て術は

1 人生の三大資金を準備しよう

家族の安定した暮らしを支えるためには、お金が必要です。人生に必要なお金の中で特に重要なものを「人生の三大資金」といいます。

子どもを育てる教育資金、住まいを確保する住宅資金、不安のない老後を送る老後資金の３つです。

Q1 人生に必要なお金って いったいいくら

Answer Point

♡人生に必要なお金の主なものは、教育資金・住宅資金・老後資金で、この３つを人生の三大資金と呼びます。

♡人生の３大資金は、合計すると１億円以上にもなります。

♥教育資金は700万円～2,000万円

子どもの教育にかかるお金が教育資金です。子どもの数は年々減ってはいますが、親が自分の子どもにかけるお金の総額が減ることはありません。

図表１をみてください。

子どもが小学校から大学まですべて公立の学校に通った場合の教育費は726万円、一方すべて私立の学校に通った場合は2,243万円が必要というデータがあります。

【図表１　子どもの教育にかかるお金】

	公　立	私　立
小学校（６年間の費用）	200万円	820万円
中学校（３年間の費用）	140万円	380万円
高等学校（３年間の費用）	156万円	310万円
大学（４年間の費用）	230万円	733万円
教育費合計	726万円	2,243万円

資料出所：①文部科学省（平成18年度「子どもの学習費調査」）
：②国民生活金融公庫（現・日本政策金融公庫）（平成19年「教育費負担の実態調査（勤務者世帯）」）

♥住宅資金は6,000万円

賃貸にしろ、持家にしろ、住まいを維持しなければなりません。

仮に30歳から85歳までずっと家賃10万円の賃貸住宅に住んだとしても、それだけで家賃の合計は6,600万円になります。

住宅を買ったとしても、住宅にかかる費用は高額です。例えば、3,000万円を金利3.5%で35年ローンを組むと、月々の支払いが約12万円で、35年間の総支払額は約5,200万円です。それに加えて、固定資産税やリフォーム費用などもかかってきます（図表２参照）。

【図表２　賃貸と持家の費用】

	賃貸の場合	持家の場合
月々の負担	家賃　10万円	ローン　12万円
一生涯にかかる費用	6,600万円	5,200万円
その他の費用	家賃の値上げ、引越費用、定年後の家賃負担	住宅ローン諸費用、固定資産税、リフォーム費用

♥老後資金は4,500万円

私たちは、いつまでも現役で働き続けることができませんので、収入が途絶えた後の暮らしを支える術を考えなければなりません。

平均寿命が延び、老後が長くなれば長くなるほど、公的年金で不足する生活費を定年までに準備する必要があります。

今、年金で暮らしている方の生活調査によると、ゆとりある生活のためには公的年金だけでは毎月15万円の赤字だそうです。

老後を60歳から85歳と仮定すると、4,500万円の蓄えがないと豊かな老後を送れないということになります。

【図表３　公的年金だけでは月15万円の赤字】

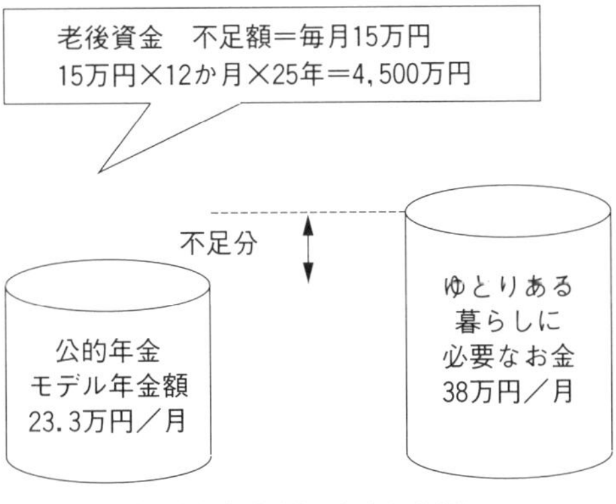

資料出所：厚生労働省「平成20年度年金額」
：生命保険文化センター「平成19年度生活保障に関する調査より」

♥三大資金のほかに生活費が１億円必要

もちろん実際には三大資金の他に毎日の生活費も必要です。総務省「家計調査年報平成19年家計収支編」によると、勤労者世帯の平均生活費は月323,459円です。その内訳は、図表４のようになっています。

一部住居費や教育費など三大資金とダブル部分もありますが、およそ年間360万円もの生活費が必要であることがわかります。

【図表4　勤労者世帯の生活費内訳】

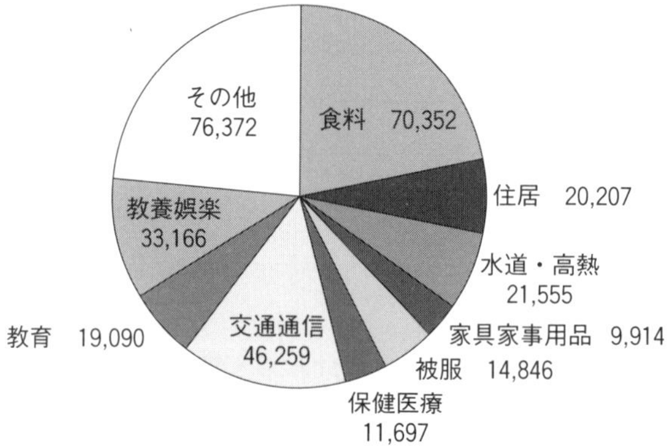

仮に30歳で家庭をもち60歳までを現役時代とすると、その間の生活費だけでさらに１億円以上のお金が必要です。

♥男性の平均給与は542万円

国税庁の「民間給与実態統計調査（平成19年度）」によると、日本人の平均給与は男性で542万円、女性が271万円です（全体の平均給与は437万円）。

夫会社員・妻専業主婦の家庭であれば、30歳からの30年間で家計収入が１億6,260万円ですから、ただ何となく暮らしていては日常の生活費１億円の他にさらに１億円もの三大資金を準備することはまず不可能でしょう。

仮に夫婦共働きで30年間に２億4,000万円の収入を得たとしても、ここから税金や社会保険料を負担しますから、やはり三大資金の準備には知恵と工夫が必要なのです。

ここがポイント

♡人生の三大資金の合計は、１億円以上になります。

♡日常の生活費をやりくりしながら、教育資金・住宅資金・老後資金を貯めるには知恵と工夫が必要です。

Q2 三大資金を準備できないとどうなる

Answer Point

♡経済的不安を抱えたまま老後を迎えることになります。
♡やりたいことを諦めたり、先延ばしにするような人生設計は
変更しなければなりません。

♥昔の常識が通用しない時代になった

日本が経済力を持ち右肩上がりで成長をしていた時代は終わりました。企業に勤めれば、勤続年数とともに給与が上がる時代も終わりました。夫がまじめに会社で働き妻がしっかり家庭を守っていれば、郊外に一戸建てを持ち老後は年金で悠々自適という時代は、もう昔の話です。

例えば、私たちの親世代が子育てをしている頃は、同僚と同じような暮らしをしていれば、それほど苦労なく三大資金を貯めながら暮らしていけました。会社や国が、今よりもはるかに大きな力で私たちの暮らしを支えていたからです。

しかし、少子高齢化で、国の体力も弱まり、また経済危機により企業の体力も弱まっている今、よほどしっかりと「自分の経済的基盤は自分でつくる」意識を持っていないと誰も助けてはくれないのです。

♥三大資金の準備ができないと人生設計が根底から崩れる

三大資金が準備できなければ、子どもの進学をあきらめなければなりません。住まいも環境のよさより価格を優先しなければなりません。公的年金で不足する老後のお金は、年をとってからも働き続けるか生活レベルを縮小していくしかなくなります。

三大資金の準備ができないということは、人生設計が根底から崩れてしまうことになります。

ここがポイント

♡三大資金が準備できなければ、思い描く人生が送れません。
♡三大資金を準備するためには、自分の経済的基盤は自分でつくるという
強い意識が必要です。

Q3 どの家庭でも三大資金は１億円必要ってホント

Answer Point

♡家庭の状況により、必要な資金額は違います。
♡これからの人生について家族で考えることが三大資金準備のための出発点です。

♥三大資金は家庭環境によりいろいろ

三大資金は、家庭環境により金額が変わります。一般的には１億円が三大資金準備額の目安ではありますが、１億円では足りない家庭もありますし、１億円も必要ない家庭もあります。

これから三大資金を準備していこうという家庭にとって、まず出発点は「我が家」に三大資金はどのくらい必要なのか、目標を明確にすることです。

これからの人生をどう過ごしたいのかを家族で考えることが必要です。

♥家族で将来を考えるときのポイントは

家族のこれからを考えるとなると、どこから始めてよいかわからなくなってしまう方もいるでしょう。家族で話し合う場合は、時間軸を紙に書き家族の年齢を基準に考えるとわかりやすいです。

【図表５　我が家に必要な資金プランのポイント】

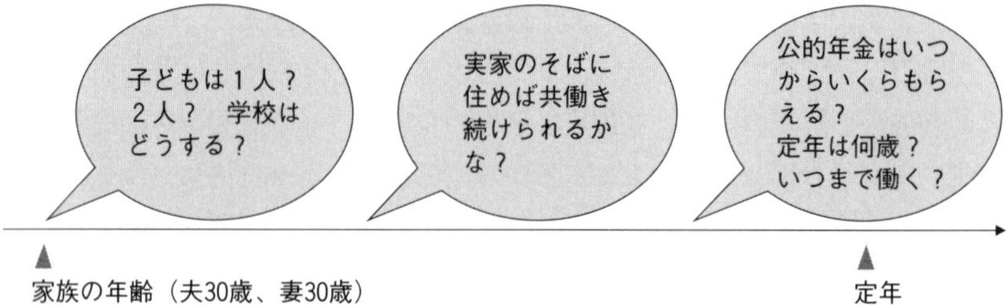

我が家のプラン	内　　容
教育	子どもは２人。高校までは公立、大学は私立も考える。
住宅	共働きができる環境を優先。子どもが小学校に上がるまでにはマイホームを持つ。
老後	一生収入を得られるようなキャリアを考える。

【図表6　教育資金プランと老後資金プラン】

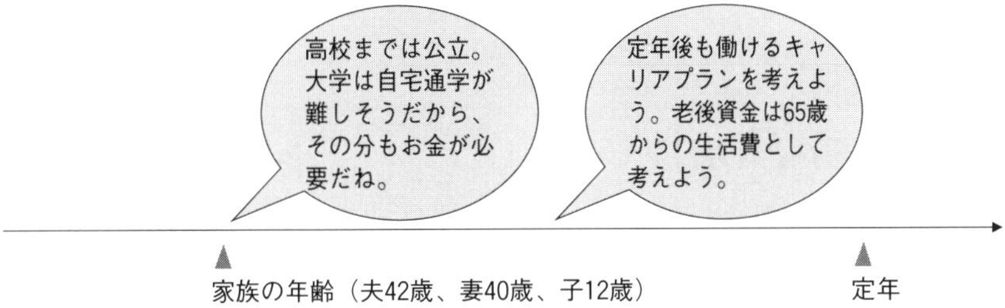
高校までは公立。大学は自宅通学が難しそうだから、その分もお金が必要だね。
定年後も働けるキャリアプランを考えよう。老後資金は65歳からの生活費として考えよう。
家族の年齢（夫42歳、妻40歳、子12歳）
定年

我が家のプラン	内　　容
教育	教育費＋下宿代を準備する。
住宅	定年までに現在の住宅ローンを完済し、リフォーム代なども定年までに準備する。
老後	65歳までしっかり働いて貯金をする。

【図表7　老後資金最優先プラン】

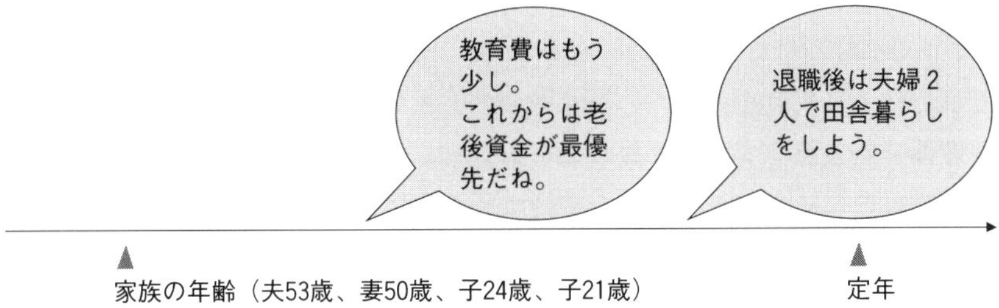
教育費はもう少し。これからは老後資金が最優先だね。
退職後は夫婦2人で田舎暮らしをしよう。
家族の年齢（夫53歳、妻50歳、子24歳、子21歳）
定年

我が家のプラン	内　　容
教育	教育資金はほぼめどがついた。
住宅	年金で無理なく暮らせるように、田舎暮らしを考える。
老後	病気や介護への備えをしっかりしたい。

ここがポイント

♡１億円は、三大資金準備額の目安です。

♡我が家の三大資金を考えるためには、家族の年齢を基準に「教育」「住宅」「老後」について家族で考えることが大切です。

Q4 三大資金を準備するために大切なことは

Answer Point

♡三大資金の必要性に気づき、貯蓄計画を立てて実行することです。

♡思いたったら、すぐに早く準備にとりかかることが大切です。

♥時間を味方につける

例えば、赤ちゃんが生まれた日から、毎日1,000円ずつ貯金箱に貯金をするとその子が20歳の誕生日を迎えるときまでに730万円を貯めることができます。

730万円といえば､小学校から大学までの公立学校の教育費に匹敵します。毎日1,000円子どものために貯金をする、という計画を立てて実行できればそれだけで三大資金のうちの教育資金はクリアできます。

時間をかけ毎日コツコツとお金を準備していく、これを「時間を味方につける」といいます。三大資金を準備するために最も頼りになる味方です。

仮に同じ730万円という金額を準備するのに、スタートが10年遅れたとしましょう。子どもが10歳のときに、730万円を目指して貯蓄をスタートすると毎日の積立額は倍の2,000円となります。１か月６万円です。

20年という時間があれば、毎日1,000円の積立で済むのに、目標達成までの時間が半分になれば、積立には倍の努力が必要です。

♥金利を味方につける

お金を大きく育てるためにもっとも大切な栄養素は「時間」です。そしてそこに「金利」という肥料を与えると、お金はどんどん成長します。

毎日1,000円ずつ、月３万円を積立したとしましょう。金利がつかないタンス預金であれば、毎月３万円の積立は単純に倍数で増えていきます。

では、金利が１％であればどうでしょうか？

毎月３万円を金利１％で積立をすると、10か月で301,103円、20か月なら604,222円です。注目していただきたい点は、時間を２倍に増やすとお金が２倍以上に成長するという点です。

【図表８　金利を味方につける】

	10か月後	20か月後
金利　０％のとき	300,000円	600,000円
金利　１％のとき	301,103円	604,222円

【図表９　月々３万円の積立】

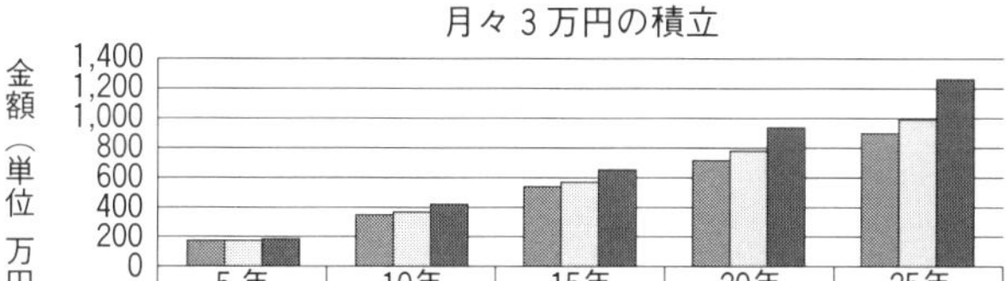

	５年	10年	15年	20年	25年
０％	180	360	540	720	900
１％	184	375	574	782	998
３％	192	408	654	933	1253

♥計画がない人は貯金ができない

金融広報中央委員会の「家計の金融資産に関数世論調査（平成18年）」によると、世帯の金融資産保有額（つまり貯蓄額）の中央値は420万円なのだそうです。

一方、貯蓄を保有していないと回答した人が２割強あり、そのうち８割程度は生活設計がないと回答しています。これは貯蓄を保有している人で生活設計をしていない人の割合をはるかに上回っています。

つまり、お金は将来の生活を考えることもせず、貯蓄計画も立てていない人は、三大資金はおろか貯蓄さえもできないのです。

【図表10　生活設計の有無による貯蓄状況】

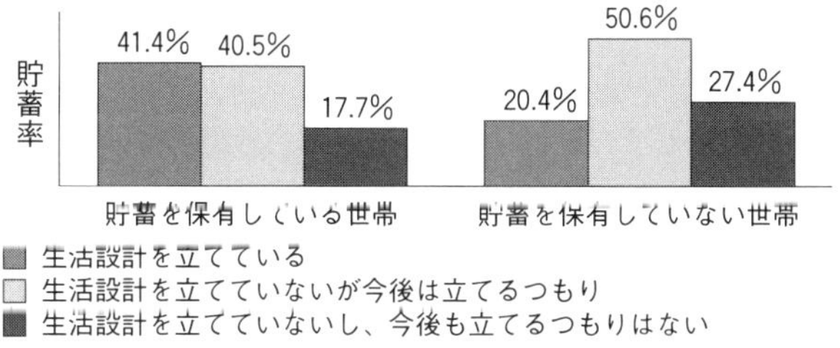

ここがポイント

♡三大資金を準備するためには、時間を味方につける・金利を味方につけることが必要です

♡三大資金を準備するためには、計画がものをいいます。

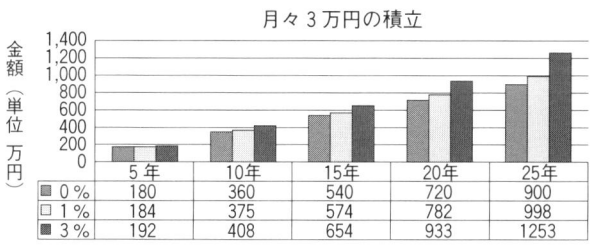

Q5 三大資金の目標を達成するためには

Answer Point

♡三大資金の準備は、積立が基本です。
♡積立で目標を達成するためには「貯める」しくみが必要です。

♥貯蓄の計画がポイント

１億円もの大金を準備するには、貯蓄の計画を立て毎月コツコツと積立で準備することが一番です。“千里の道も一歩から”ですので、その一歩を踏み出すために、しっかりとした計画を立てましょう。

計画を立てるために、「我が家」の三大資金の考え方をまとめます。「いつまでに」「いくら」お金が必要なのかを具体的にイメージするのです。

具体的に目標額が決まったら、その金額にあといくら必要なのかがわかります。その金額を必要になるまでの時間で割れば、「毎月いくら」貯金しなければならないか、具体的な金額が明らかになります。

【図表11　老後資金の目標額プランの例】

目標額
老後資金
として
3,000万円

▲
家族の年齢
夫30歳
妻30歳

3,000万円÷30年÷12か月＝毎月の積立額　８万3,000円

目標額
老後資金
として
3,000万円

▲
家族の年齢
夫40歳
妻40歳

3,000万円÷20年÷12か月＝毎月の積立額　12万5,000円

そしてその積立額が決まれば、それぞれに合わせて適した金融商品を選んでいきます。できるだけ手間をかけずに、そして確実に積立が続けられるようにするには、自動的に収入から貯蓄に回せるような、しくみをつくること

が三大資金準備の最大のポイントです。

♥積立を成功させる行動パターンは

「ぜいたくしているつもりはないのだけれど、お金がなかなか貯められない」そんな思いの方は多いでしょう。少しでも貯蓄に回せるお金を残したいと思っているのに、いつも給与前はお財布がさびしくなって、なかなか貯金できないというお悩みの方は多いです。

貯金ができない人の行動には、ある共通点があります。それは、収入－支出＝貯蓄という行動パターンです。あなたは、入ってきたお金で１か月やりくりをして、余ったお金を貯蓄に回そうと思っていませんか？

これが収入－支出＝貯蓄ということです。これではいつまでたってもお金は貯まりません。余ったお金で貯蓄と思っていると、一生お金は貯まりません。たまたま支出が抑えられた月は貯金ができるけど、そうでない月は赤字…そんなことの繰返しになってしまうのです。

お金を貯めるには、収入－貯蓄＝支出の行動パターンに今すぐ改める必要があります。つまり生活費として使ってしまうより先に貯蓄をしてしまうという作戦です。

特に忙しいみなさんなら、自動的に貯蓄ができるしくみをつくってしまうことが肝心です。例えば、銀行の積立預金は、お金が貯まるシステムの代表例です。

【図表12　貯蓄のできない人の行動パターン】

【図表13　貯蓄のできる人の行動パターン】

人間不思議なもので、強制的に積立されていると、そのお金ははじめからなかったものと思うようになります。

銀行の積立預金であれば貯蓄は確実にできるし、口座に残るお金は生活費として使ってもよいお金なのですからストレスもたまりません。

知らず知らずに積立ができて「気づいたらお金が貯まっていた！」となれば、１億円へ１歩ずつ近づけます。

♥積立額を増やす努力とお金の成長を早める努力

一口に積立といっても、三大資金の準備となるとそれなりに大きな金額が必要になります。

そこで、次に必要になるのが、積立額を増やす努力とお金の成長を早める努力です。

積立額を増やすには、家計を引き締めることが必要です。家計の引締めといっても、生活の質を落としギリギリの生活をするという意味ではありません。保険や住宅ローンといった固定費（毎月決まって支出されるお金）を合理的に見直ししたり、効率よくお金を管理する技術を磨いたりすることです。

また、引締めと同時に家計収入を増やす必要も出てくるでしょう。これまで働いていない方であれば、仕事に就き定期収入を得るなども積立額を増やすための手段になります。

お金の成長を早めるためには、お金の知識が不可欠です。金融商品には、それぞれ得意・不得意があり、それらの特徴を見極め、必要に応じて使い分けなければなりません。

商品によっては、目標達成の時期が近く、着実にお金を貯めるしくみに優れている商品もあります。商品によっては、目標達成の時期までにたっぷり時間があり、経済の成長力を利用してより早くお金を成長させる可能性が強い商品もあります。

いずれにしろ、目標を決めてそれに合わせた商品を選び、「自動積立」で着々と計画を進めることが、三大資金準備のための成功の秘訣です。

ここがポイント

♡積立を成功させるためには、自動積立のしくみを利用することがベストです。
♡積立額を増やす努力、お金の成長を早める努力も欠かせません。

2 1億円を準備する術は

人生の三大資金は合計すると１億円以上。これほどのお金を準備していくには、家計のやりくりと貯金を同時進行していかなければなりません。上手にお金を準備するためには、お金を４つに分けて考えるのがポイントです。

Q6 お金が貯まるお金の４つの分類法ってなに

Answer Point

♡お金は使う目的に合わせて４つに分けて管理をすると、お金と上手に付き合うことができます。

♥お金は使う時期に合わせて管理する

三大資金はそれぞれ使う時期が異なるため、目的別に管理しないといざというときにやりくりができないことがあります。そのため、お金は使う時期に合わせて管理します。

例えば、この金融危機で株式投資をしている方が、大きな含み損を抱えている、というニュースをみなさんはご存じでしょう。株式投資は、それ自体は問題のある行為ではないのですが、そのお金を使う目的と選ぶ金融商品がマッチしなければ不幸になることがあります。

もし、定年間近のご夫婦が老後資金としてのお金をすべて株式投資で準備していたらどうでしょうか？　投資対象によっては、お金の価値が半分以下になっているかもしれません。結局、老後の資金としては足りないので、定年後も５年・10年と働くか､生活水準を変えなければならなくなるでしょう。

この失敗の原因は、お金を使う時期ごとに適切に管理していなかったことにあります。すぐにお金が必要になる場合、価値の変動が大きい株式投資という選択はよくないのです。

一方、30代の方が30年後の老後資金のために株式を積立で少しずつ購入したらどうでしょう。確かにお金の価値の変動は大きいかもしれませんが、株式という金融の性質を考えると、30年という時間を利用すればお金の価値が大きく成長する可能性があります。この場合、老後資金を株式投資で準備することもよい選択肢となります。

♥我が家に今お金がいくらあるかを把握する

お金を使う時期を管理するためには、まず我が家にお金がいくらあるのかを正確に把握する必要があります。

図表14のように、○○銀行の普通預金に「○○○円」、△△銀行の定期預金に「△△△円」と、とにかくすべての通帳の残高を書き出していきます。

【図表14　通帳の残高を書き出す】

どこの家庭にも普段使っていないけれど、いくらか残高の残った通帳というものが１冊や２冊はあるのではないでしょうか？　でも、それらの通帳の残高を今一度確認してください。使っていない通帳に「我が家の大切なお金」が忘れられ眠っているとしたらもったいないことです。

♥お金にも働いてもらう

皆さんが一生懸命働いて貯めたお金です。皆さんのパートナーとしてお金にも働いてもらいましょう。通帳の残高を一覧にする場合、ぜひ「金利」も確認してください。特に定期預金をしている方は、満期がいつで金利がいくらなのかもチェックしましょう。

低金利が続き、100年に一度という金融危機に見舞われ、皆さんの中には「銀行に預けるのもタンス預金も一緒！」と思っておられる方もいるかもしれません。

でも銀行の金利ってどこも同じではないのです。ちょっとした選択の違いで残高が変わってきます。せっかくの機会ですから、今自分が預けている定期預金は世の中の水準からみて有利なのか不利なのか確かめてみてはいかがでしょうか？

【図表15　100万円を定期預金に預けたら…】　（09年３月現在）

銀　行　名	１年定期の金利	１年後の受取利息（税引前）
三菱東京 UFJ 銀行・三井住友銀行・ゆうちょ銀行など	0.25%	2,500円
あおぞら銀行（電話申込み）	0.95%	9,500円
新生銀行　（電話申込み　300万円以上）	1%	10,000円

お金は子どもと同じで時間をかけて育てるものです。すくすくと成長させるためにもよりよい環境づくりを心がける必要があります。同じ100万円でも、１年間に0.25％しか成長できない環境と１％も成長できる環境があります。そして世の中にはもっと成長する可能性がある金融商品があります。それを知らずにお金を眠らせておくのは、もったいないと思いませんか？

まず、我が家のお金を一覧にして、まとめることによってより有利な金利の商品を利用するものは利用するなどしてみるだけでも、お金が働く環境はぐんとよくなります。

♥お金は目的別に４つに分別

残高を把握したら、次にそれらのお金を、「すぐに使えるお金」「10年以内に使うお金」「10年以上先に使うお金」「万が一に備えるお金」の４つに分けます。

エレガントにお金を育てるためには、適材適所で金融商品を選ぶ必要がありますので、４つに分けることでお金の目的をはっきりさせるのです。

【図表16　我が家のお金を目的別に４つに分類】

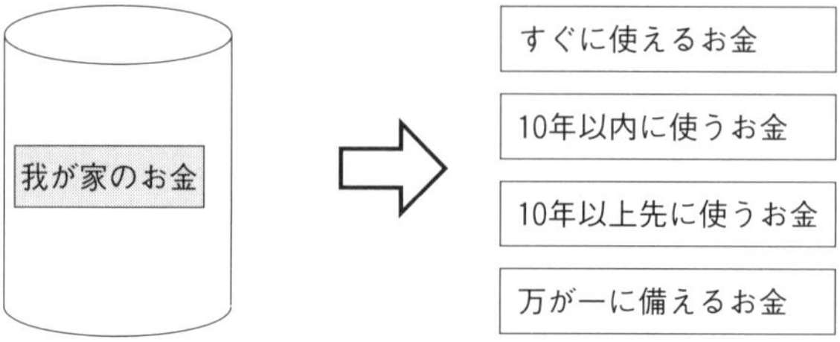

金融商品は、それぞれ長所と短所があります。商品によっては、数年後に必ず必要になるお金を確実に準備するのに適した商品もあれば、経済が成長する力を借りながら、時間をかけて大きなお金を準備するのに適した商品もあります。

お金を使う時期に合わせて４つに分けて管理し、適切な金融商品を選ぶことがお金を上手に貯めるコツです。

ここがポイント

♡お金は目的別に「すぐに使えるお金」「10年以内に使うお金」「10年以上先に使うお金」「万が一に備えるお金」の４つに分けて管理します。
♡お金を４つに分けたら、適した金融商品をそれぞれ利用します。

Q7 すぐに使えるお金ってどんなお金のこと

Answer Point

♡「すぐに使えるお金」は、急なことでお金が必要になるときに備えるためのお金です。

♥万が一の収入減に備えるお金

「すぐに使えるお金」の目的は、急な出来事に備えるお金です。

例えば、病気やけがで働けなくなってしまい給与がもらえなくなったら、毎日の生活も大変になってしまいます。

そのために、いついかなることが起こっても、その大変な時期をしのぐために準備するお金です。

♥会社員家庭なら生活費の３か月〜半年分が目安

例えば、会社員が重い病気にかかり入院したら家計はどうなるでしょうか。

会社の規定によっては、有給休暇を使い終わったら欠勤となり給与がカットされる場合もあります。もし１か月入院して給与カットになったら会社から１円も給与が支払われなくなることになります。こんなことになったら困りますね。

しかし、会社員の場合は、健康保険制度より、傷病手当金といって給与のおよそ３分の２が支払われることになっています。

支払日数は、病気やけがでの休みが４日以上続いた場合、４日目からの欠勤で給与が支払われない期間について支給されます。

退院後も病気療養のために会社へ行けない場合、最長で180日までの給付があります。

♥生活を支えるお金が必要

それでも、普段の収入より３分の１も入ってくるお金が少なくなるわけですから、健康をとりもどし会社から通常の給与がもらえるようになるまでの間、生活を支えるお金が必要になります。

また、仕事が急になくなってしまうこともあり得ます。リストラや会社の倒産などです。

自らが希望して退職した場合と異なり、会社の都合で職を失った場合は、退職後１週間で失業保険が支給されますが、それまでの給与より当然少ない給付ですし期限も限られていますので、こんなときのためにも「すぐに使えるお金」が必要というわけです。

ちなみに、失業保険は、図表17のように、会社都合の場合は７日間の待機期間終了後から受給できますが、自己都合退職の場合は、さらに３か月間の給付制限があります。

【図表17　失業保険の給付】

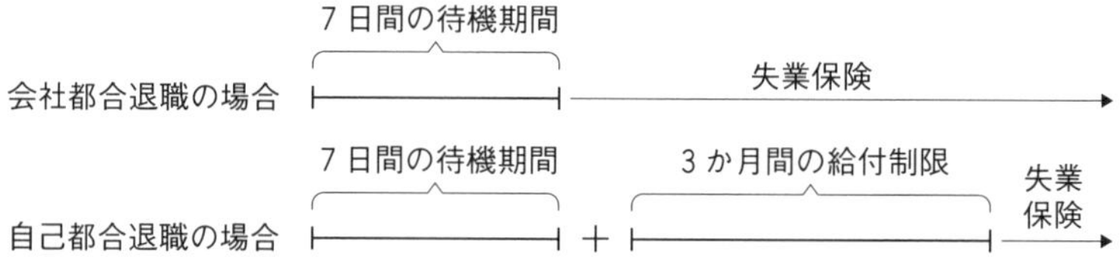

♥自営業者の方は生活費の半年～１年分が目安

自営業者の方の場合は、会社員のように傷病手当金がありませんし、雇用されているわけではありませんので、失業保険もありません。ですから、すぐに使えるお金は会社員よりも多く準備する必要があります。

自営業者の仕事にもよりますが、自分の健康状態が悪いとすぐに収入に響いてしまう仕事を１人でしている場合は、少なくとも収入ゼロでも半年あるいは１年は生活していけるだけの準備は必要です。

または、健康上の理由で収入が途絶えてしまったときに、会社員の傷病手当金のようにある一定のお金を補償してくれる「所得補償保険」という民間の保険会社の商品を別途準備しておいたほうが安心です。

【図表18　病気で仕事を休むと】

会社員	→ 病気で仕事を休む ←	〈傷病手当金あり〉 健康保険から給与の３分の２が支給
自営業者	→ 病気で仕事を休む ←	〈傷病手当金なし〉収入ゼロ ・民間の保険「所得補償保険」

ここがポイント

♡すぐに使えるお金とは、病気やけが、リストラや転職などによる収入減に備えるお金のことです。

♡会社員なら生活費の３か月～半年分、自営業なら半年～１年分が目安。

Q8 すぐに使えるお金はどこに預ければいい

Answer Point

♡すぐに使えるお金は、いつでも引出しができるように普通預金に預けます。

♥すぐに使えるお金は流動性重視

すぐに使えるお金は、急な出来事が起こったときにすぐに用意ができる「流動性」が大前提のお金です。ですから、利便性が一番のポイントといえるでしょう。

例えば、ATMが多くて便利とか、自宅や勤め先のそばに支店があってなにかあればすぐに立ち寄れるとか、窓口サービスが充実しているなどが選択のポイントです。

♥インターネットサービスを利用する

最近では、インターネットサービスも見逃せません。

例えば、残高照会がインターネットの専用口座を通じて24時間いつでも確認できる、振込みがインターネットを通じていつでもできるなど便利なサービスが充実しています。

このインターネットでの振込みを利用した場合は、振込手数料が窓口を通じて振込みをする、あるいはATMで振込みをするより安いのがうれしい特典です。

♥解約時のしばりがないものが「すぐ使えるお金」の預け先選びの基本

また、「すぐに使えるお金」は、解約時のしばりのないものを選びます。

解約時のしばりがないもの、それが「すぐ使えるお金」の預け先選びの基本です。

♥預け先の第１の候補は、銀行の普通預金口座

まず、預け先の第１の候補は、銀行の普通預金口座です。いつも給与振込みや水道光熱費などの引落しに使っている口座です。ここに「すぐ使えるお金」を置いておきます。

【図表19　すぐ使えるお金】

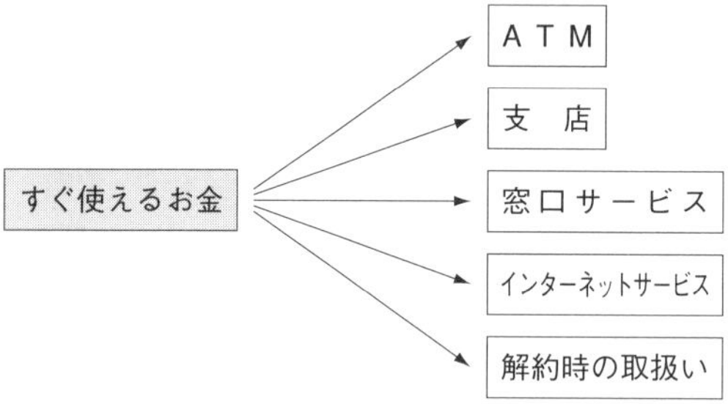

♥証券会社のMRF（マネー・リザーブ・ファンド）も候補

すぐに使えるお金の預け先としてのもう１つの候補は、証券会社のMRFです。MRFとは、証券会社の普通預金口座のようなものです。MRFは、投資信託なのですが、投資先が公社債といった安全性の高い金融商品で運用されており、しかもいつでも引出しをすることが可能です。

投資信託なので、銀行の普通預金のように金利があらかじめ決まっておらず実績配当です。しかし、１か月複利という毎日の運用収益を再投資する方法をとっていますので、お金の成長が早いという特徴があります。

実際、大手都市銀行の普通預金口座の金利と大手証券会社のMRFの年換算利回りを比較すると、銀行の普通預金の金利が0.04％に対してMRFの利回りが0.27％です。

また、公共料金の引落しや給与振込みの口座としても利用できますので、すぐに使えるお金の預け先として問題はありません。

♥証券会社に口座を開いてみよう

これまで銀行の普通預金や定期預金しか経験がなかった方も、金融商品の知識を深めるためにも証券会社の口座を開いてみるのもよい経験です。口座を開かなくとも証券会社の店舗を訪れ、株価の電光掲示板を見ているだけでも、経済の動きを感じることができます。

お金を成長させるためには、経済の動きを知ることが不可欠です。その経済の動きを感じるために株価を見ることは有効な手段なのです。

ここがポイント

♡すぐ使えるお金は、流動性を重視した金融商品に預けましょう。

Q9　10年以内に使うお金ってなに

Answer Point

♡10年以内に使うお金は、教育資金や住宅資金などです。
♡予定の期日までに確実なお金を準備します。

♥安全性第一で選ぶ

10年以内に使うお金とは、例えば子どもの教育資金や住宅購入のための頭金などです。その他、家庭によっては、子どもの結婚資金やリフォームの費用、帰省費用などということもあるかもしれません。

♥元本が割れない定期預金のような金融商品で準備するほうが望ましい

10年以内に使うお金は、銀行の定期預金のような元本が割れない安全性の高い金融商品で準備するのが基本です。

なぜならば、将来の価値が確定されない投資商品は市場の状況によっては計画していたことが実行できなくなる、あるいは予定を先延ばしにしなければならなくなるかもしれないからです。

【図表20　10年以内に使うお金】

10年以内に使うお金 →
・元本割れはない？
・金利？
・満期？

♥定期預金の注意点は

定期預金は、預入の際に金利が決まっていますので、満期の元利合計額があらかじめわかって計画しやすいというメリットがあります。例えば、金利が１％の１年定期に100万円預ければ、１年後の元利合計は101万円です。

さらに、定期預金は身近な商品ですが、次のようにいくつか知っておきたいことがあります。

①　期日前に解約すると解約利率が適用される

例えば、３年満期の定期預金にお金を預けて満期日前に解約すると解約利率が適用になります。解約利率とは、いわば早期解約のペナルティで、預入時に約束された金利より低い金利で利息の計算が行われます。この解約利率は、解約のタイミングによって異なります。解約利率が適用されても元本が割れるということはありませんが、やはり定期預金は満期まで解約しないというのが基本です。

② 預入期間により複利の商品と単利の商品がある

定期預金の期間は１年、３年、５年などといくつか設定されていますが、一般的には１年定期は単利、３年以上は半年複利となっています。

単利とは、利息計算の際に元本のみに金利がつくというしくみです。これに対し複利とは、１回目の利息計算の際には単利と同様元本に対して利息がつくのですが、２回目以降は元本と利息を合計したものに利息が計算されます。つまり、加算された利息で元本が大きくなりますので、時間を追うごとに元利合計が雪だるまのように大きくなります。

【図表21 定期預金の利息のしくみ】

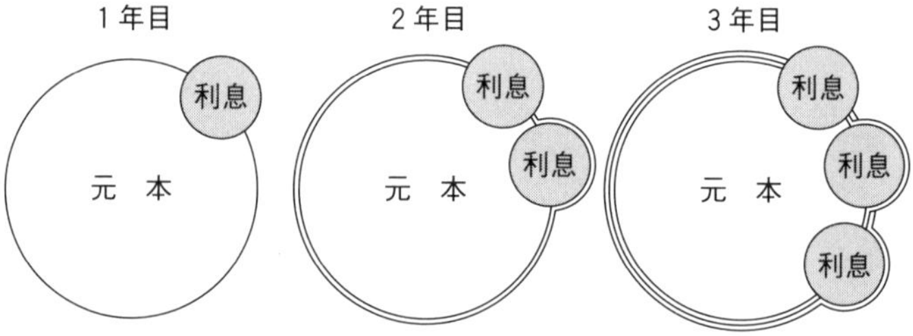

③ 利息には20%の税金がかかる

現在の税制では、預金の利息に対する税率は20%です。改めて税率を聞くとびっくりする方もおられるかもしれませんが、利息にかかる税金は「源泉徴収」といって利息がつくと自動的に税金が計算され、利息から差し引かれますので、通常私たちは税金が引かれた後の金額を受け取っていますので気がつかないのです。

【図表22 定期預金の利息からは20%の税金が源泉徴収される】

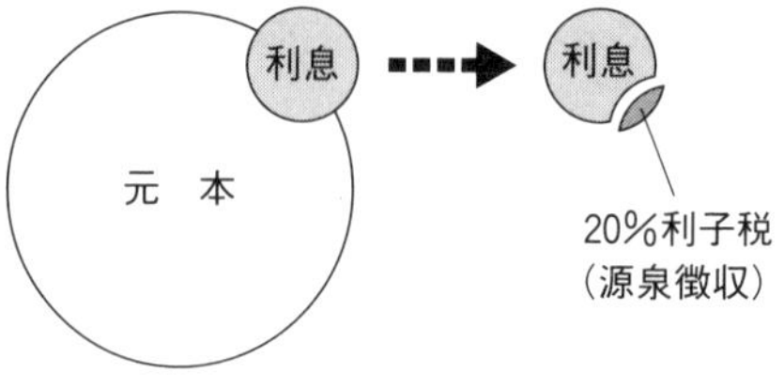

ここがポイント

♡10年以内に使うお金は、定期預金など安全性の高い金融商品で準備します。

Q10 10年以上先に使うお金ってなに

Answer Point

♡10年以上先に使うお金の代表例は老後資金です。
♡20年、30年という時間をかけてじっくりと増やすお金です。

♥お金の成長度を測る72の法則

お金が育つには、金利と時間という２つの栄養素が必要です。特に10年以上先に使うお金は時間という栄養素はたっぷりありますから、必要なものは金利というもう１つの栄養素です。

金利は、7.2%あれば10年で資産が倍になるといわれています。これは72の法則というのですが、72を金利で割るという単純な式でお金の成長の早さを調べることができます。

72　÷　金利　＝　お金が２倍になるために必要な期間

例えば、６％の金利であれば、72÷６＝12、つまり金利６％の定期預金に100万円を預けると12年で200万円になる、という意味です。

では0.3%ではどうでしょうか。72÷0.3%＝240、つまり、240年待たないとお金は倍になりません。この時間の差が金利の力です（図表23、24）。

【図表23　金利と時間の差】

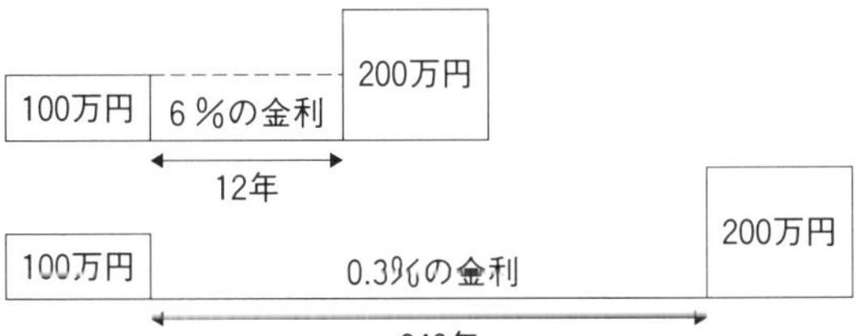

【図表24　100万円の将来価値】　（単位：万円）

	３年後	５年後	10年後	15年後	20年後
０％運用	100万円	100万円	100万円	100万円	100万円
１％運用	102.4万円	104万円	108.4万円	112.9万円	117.7万円
３％運用	107.5万円	112.8万円	127.7万円	145万円	165.1万円
５％運用	112.8万円	122.4万円	151万円	187.8万円	234.8万円

実際、バブルの頃は10年で預けたお金が倍になる金融商品がありました。例えば、郵便局の定額貯金です。当時金利は８％程度ありましたから、満期の10年を迎えるころには、ほぼお金が倍になっていたのです。

身近な郵便局で、このようにお金がすくすくと育ってくれる環境があった…今では夢のような話です。今はゆうちょ銀行の定額貯金の金利は10年の参考金利が0.25％程度ですから、その差は一目瞭然です。

♥経済の力を借りてお金を育てるのが投資

ここ数年低金利が続き、すっかり「金利の力」へ対する信用力が落ちてきていますが、お金育てに金利は不可欠です。では、今の時期年に３％、４％という金利が確実につく商品があるのでしょうか？

短期で必ずそれだけの利回りを約束する商品はむずかしいですが、10年以上という長期で考えれば、候補となる商品はあります。

例えば、株式投資などは好例です。過去日本の経済は平均７％で成長してきました。今後も引き続き日本が７％も成長するかというと可能性は低いと思いますが、世界に目を向ければ高い経済成長率を秘めた国はたくさんあります。これらの国へ適切な方法で投資をすることは決して恐ろしいことではありません。投資の知識を持ち経済が成長する力を借りてお金を増やすことはとても知的な行動です。エレガントな女性には、ぜひチャレンジしていただきたいお金の育て方です。

【図表25　お金は４つに分けて管理する】

項　　目	内　　容	預 け 先
すぐに使えるお金	収入減に備える 生活費の３か月～半年分	銀行の普通預金 証券会社のMRF
10年以内に使うお金	期日までに確実に準備する 教育資金や住宅資金	定期預金
10年以上先に使うお金	時間を味方につけじっくり増やす 老後資金	経済の力を借りてお金を育てる投資商品
万が一に備えるお金	病気やけが、死亡時の経済的損失に備える	保険商品

ここがポイント

♡時間をかけてゆっくりお金育てが、エレガントなお金育ての基本です。
♡経済の成長力の力を借りてお金を育てることもエレガントな行動です。

Q11 万が一に備えるお金ってなに

Answer Point

♡病気やけが、死亡時などの万一の経済的な損失に対しては、「保険」で備えます。

♥保険は助合いの制度

保険のメリットは、少ない保険料でいざとなったときに大きな保障を得られることです。たくさんの人がお金を出し合って、あらかじめ決めた条件に当てはまった人に対して支援をするしくみなので、人によっては払った保険料の何倍ものお金を手にすることになります。

【図表26　保険のしくみ】

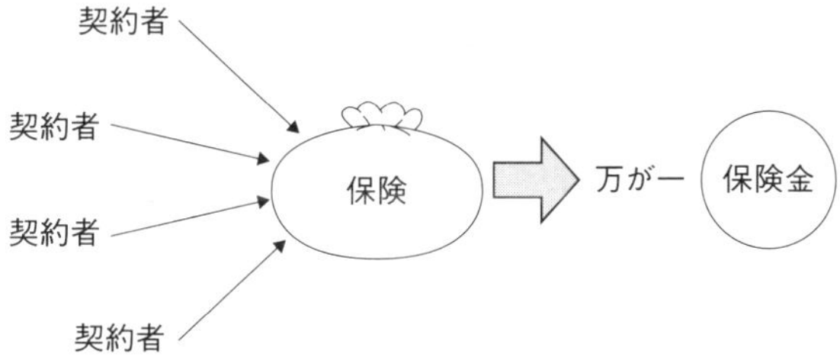

♥万が一の生活の支えとして最低限必要な分を保険で用意

保険は、万が一に必要な保障をお金を払って買うものです。大きな備えがあれば安心かもしれませんが、それでは保険料が高くなります。今の生活を犠牲にして万が一に備えるなんて、本末転倒です。

♥貯金は三角、保険は四角

貯金は、少しずつ残高が増えやがて目標に到達します。これを図解すると図表27のように直角三角形になります。

もし、必ず10年後に1,000万円が必要であれば、毎年100万円ずつ積立をすればよいのです。10年後には必要な1,000万円が貯まっています。

このように貯金というのは、時間と金額を定めて準備を進めていくのに適しています。また、貯まったお金は、どんな目的にも使えます。途中で予定が変わり、違う目的でそのお金を使うこともできます。

一方、保険は、どうでしょうか。

例えば、死亡保障1,000万円の保険に契約したとしましょう。保険期間は10年で毎月の保険料を１万円と仮定します。この保険を図解にすると、図表27のように四角形になります。

例えば、契約して１か月後に被保険者が亡くなったとします。支払った保険料は１万円のみですが、保険金として1,000万円を遺族が受け取ることができます。

契約すれば、負担した保険料の額に関わらず、大きな保険金を手に入れることができる、これは保険の大きなメリットです。

【図表27　貯金と保険】

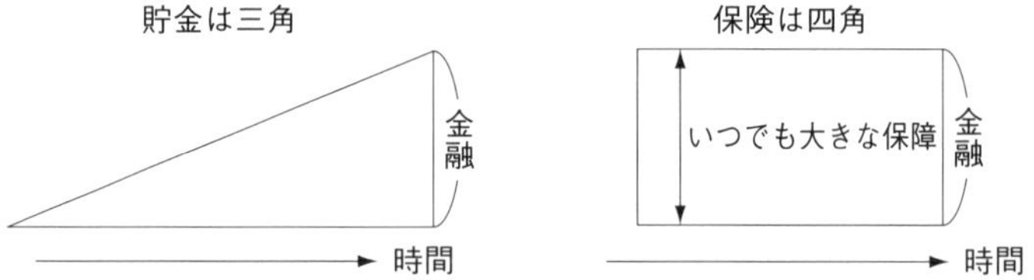

♥保険は足りない部分を補完

一家の大黒柱が亡くなれば遺族には国から遺族年金が、病気の治療では国の健康保険が適用になるなど、私たちの暮らしは公的保障にも守られています。

しかし、公的保障では、不足する部分もありますので、それを補うために各家庭では民間の保険商品で万が一に備える必要があります。

【図表28　一般家庭における主なリスク】

リスク	内　　容	保険商品
死亡	家計の働き手が亡くなることによる収入減に備える	生命保険
病気	入院や治療にかかる医療費	医療保険
けが	入院や治療にかかる医療費	医療保険・傷害保険
災害	火災や地震から住居を守る	火災保険・地震保険

ここがポイント

♡保険の特徴を活かして、万が一に備えます。

3 教育資金を貯める術は

お子さんの進路によって貯金額が大きく変化する教育資金は、早い時期から計画を立て、お子さんの成長とともに軌道修正もできるようにすることが必要です。

積立額を決め、コツコツ準備しましょう。

Q12 我が家に必要な教育資金はいったいいくら

Answer Point

♡小学校から大学まで、オール公立コースであれば教育費は726万円、オール私立であれば2,243万円必要です。

♥子どもの進路を考える

よりよい環境の中で子どもを学ばせたい、子どもが望めば希望どおりの進路で学ばせてあげたい、そんなお子さんにかける教育への考え方は、親としては自然な思いでしょう。

ただし、教育費（入学費用、授業料、学校関係費、お稽古ごとや塾の費用を含みます）は、進路によってずいぶん差があります。

これを学校別、公立・私立の別にグラフ化してわかりやすくすると、図表29のようになります。

【図表29　それぞれの学校にかかる費用（全学年合計額）】　単位：万円

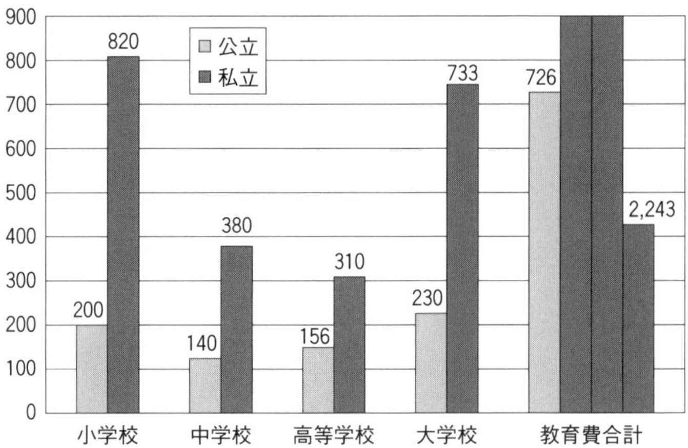

♥義務教育費は家計のやりくりで、高校以上の教育費用の半分が貯金の目安

教育費の負担は、子どもの成長とともに待ったなしで必要になりますから、全額貯金で準備している時間はありません。

図表30のように、義務教育にかかる学校費用は家計でやりくりし、高校以上にかかる教育費用の半分が貯金の目安です。

【図表30　教育費用と貯金の目安】

進　　路	小学校からかかる費用合計	貯金の目安
高校まで公立で大学のみ私立	1,229万円	600万円
中学まで公立で高校から私立	1,383万円	700万円

♥将来の値上がりも加味して考える

教育費は、「値下がりしない」ともいわれています。実際、文部科学省が平成16年度と19年度の教育費を比較したところ、公立小学校で6.4%、公立中学校で0.6%、私立中学校で－0.4%、公立高校で0.8%、私立高校で１%それぞれ上昇しています（私立小学校はデータなし）。

さらに、お稽古ごとの低年齢化も進み、未就学児に対する教育費のかけ方も、家庭によりさまざまです。高等教育に対する姿勢も大学院や留学を視野に入れるのかどうか、なども将来の教育費に大きく影響してくるでしょう。

♥奨学金制度が拡大傾向

学生の授業料を免除あるいは支援する奨学金制度を設ける大学が増えてきています。また、民間企業や地方自治体で奨学金制度を設けているところもあります。家庭で教育資金を準備するとともに、奨学金制度についても調査をしておくといざというときに役に立つでしょう。

例えば、日本学生支援機構の奨学金は、学力に応じて無利子でお金を貸してもらえる第１種と、学力は問わないかわりに利息負担が生じる第２種があります。日本学生支援機構　http://www.jasso.go.jp/

♥子どもにもお金の教育を

子どもを進学させるだけが親の責任ではありません。むしろ子どもを自立した大人として世の中に送り出すことが重要でしょう。

家庭のお金はどこからくるのか、働くということはどういうことなのか、お金の役割はなんなのかを家庭で教えることは、子どもが目的をもって人生を歩み進路を考えることにも役立ちます。

ここがポイント

♡教育費は、進路により差があります。
♡教育費は、家計のやりくりと貯金の２本立てで考えます。

Q13 教育資金の積立額は

Answer Point

♡希望する進路の教育費が家計のやりくりだけでは、どのくらい不足するのかを考えます。

♥高校から私立を考えるなら貯金の目安は700万円

教育資金は、すべてを貯蓄で準備するのではなく、家計からやりくりして不足する部分を貯蓄で考えるのが基本です。

例えば、義務教育は公立で高校からは私立も視野に入れながら教育資金を準備したいという家庭であれば、高校、大学の費用の半分の700万円を貯蓄目標とします。

子どもが０歳なら700万円を15年で準備することになりますから、月々４万円が積立額の目安となります。

♥家庭によりバリエーションがある

家庭によっては積立額がずっと一定でなくてもかまいません。中学卒業までの15年間で400万円（月々の貯蓄額は２万円）、高校の３年間はパートの時間を増やして年間100万円の貯蓄（月々の貯蓄額は8.5万円）としても OK です。

特に子どもが小さくて仕事ができないという場合は、貯蓄のスタートをずらし収入を得るようになってから準備を始めることもできます。

【図表31　積立のバリエーション】

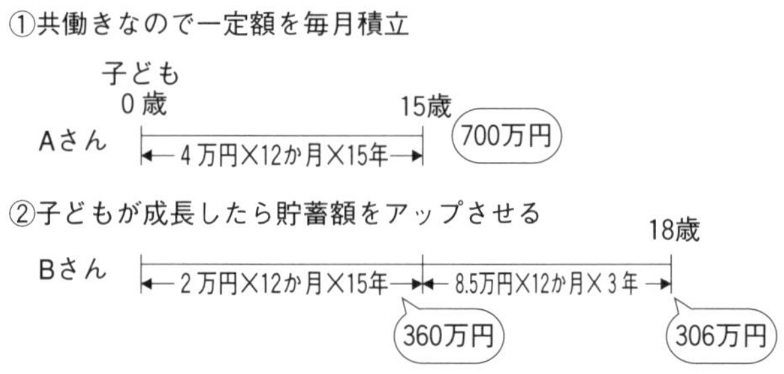

ここがポイント

♡教育資金は、子どもの進路と我が家の家計と相談して計画します。

Q14 学資保険ってなに

Answer Point

♡契約者（保護者）に万が一のことがあっても、子どもの教育資金が確保できる教育資金づくりに特化した保険商品です。

♥学資保険は必ず教育資金が準備できる

教育資金づくりの定番としてよく知られているのが保険で準備する方法です。これは、学資保険または子ども保険などという名前で各種販売されています。

学資保険の基本は、積立預金と同じように毎月保険料を払い、そこに保険会社が利息をつけ満期金がおりるというものです（図表32）。

一般的に、学資保険は、契約期間中に契約者が死亡した場合、以後の保険料の支払いが免除になったり、被保険者である子どもが入院したときの保障がついています。

【図表32　学資保険イメージ】

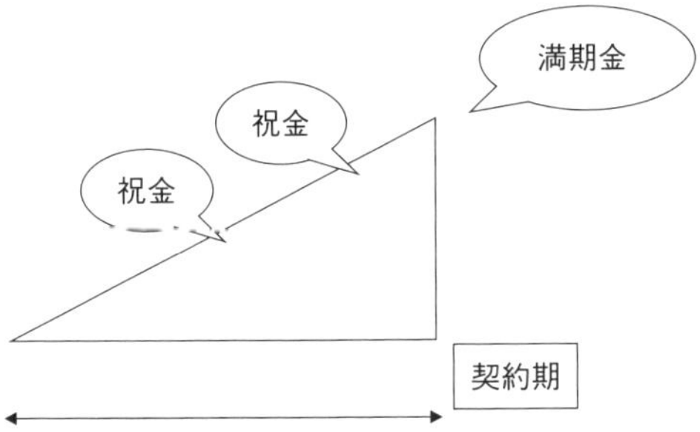

♥終身保険を学資保険として使うことも

教育資金を学資保険で用意するポイントは、①積立期間中の契約者（親）の死亡時の経済的不足分をカバーすることと、②満期時に積立額プラスアルファのお金を受け取れることの２つです。このポイントを満たす終身保険を学資保険として活用する方法もあります。

終身保険は、保険料払込期間中に解約返戻金が積み上げられていきますが、この解約返戻金を子どもの進学スケジュールに合わせて受け取るのです。この場合、中学や高校進学時のお祝金は出ませんが、教育資金は大学の費用に絞って準備したいと考える方には向いています（図表33）。

【図表33　終身保険（低解約払戻金型）の利用】

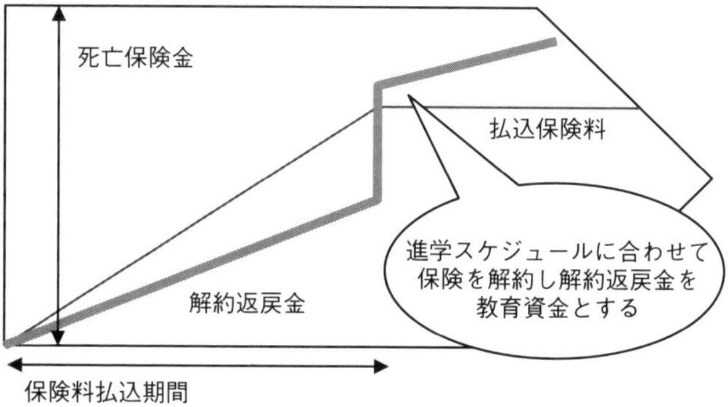

♥学資保険選びのポイントは

学資保険は、契約中に契約者である父親が万が一亡くなっても、予定どおり教育資金が準備できるという安心感はありますが、それなりに保険料としての負担も多くなっています。

保険商品を選ぶときは、毎月の保険料負担の合計と実際に満期で受け取る金額とを比較します。

商品によっては、支払った保険料の合計よりも受取額のほうが少ない（積立商品として考えれば、元本割れ）商品もあります。

【図表34　保険料合計より満期金が多いか要チェック】

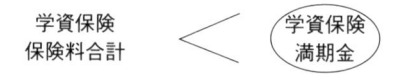

学資保険
保険料合計　＜　（学資保険
満期金）

「学資保険」という名前を鵜呑みにせず、目的にあった商品なのかどうかをきちんと見極めなければなりません。

また、満期日にも注意が必要です。大学進学費用だから18歳満期にと単純に考えていると、子どもの誕生日によっては大学の入学費用の払込期日が満期日前であったりする場合もあります。

教育資金を学資保険で準備する場合は、満期金受取りのスケジュールの確認も必要です。

ここがポイント

♡教育資金づくりの定番「学資保険」はいくつかチェックポイントを踏まえて選びます。

Q15 サラリーマンならではの積立商品ってなに

Answer Point

♡会社によっては、給与天引で会社が貯金をしてくれる「財形貯蓄制度」があります。

♥一般財形もおすすめ

会社員であれば、財形貯蓄制度もおすすめです。財形貯蓄制度とは、勤労者（会社に勤めている人）の貯蓄を国が税制の面から援助してくれる制度です。勤務している会社が財形貯蓄制度を導入しているのであれば、利用が可能です。

財形貯蓄制度は、「一般財形」「住宅財形」「年金財形」の３種類がありますが、教育資金づくりには、一般財形を活用します。

まず、一般財形の一番のポイントは、会社が自分で決めた金額を給与天引してくれるところです。会社は天引した後、会社が契約をしている金融機関の指定の口座に積立をします。手続さえすれば、自動的に貯蓄計画が実行できます。

通常、一般財形の金利が特別普通の銀行の定期預金より特別有利というわけではありませんが、会社にいわなければ引出しもできないということで、貯めるより前にお金を使ってしまうという行動にブレーキをかけることができるのが最大のメリットです。

【図表35　財形貯蓄は給与から天引】

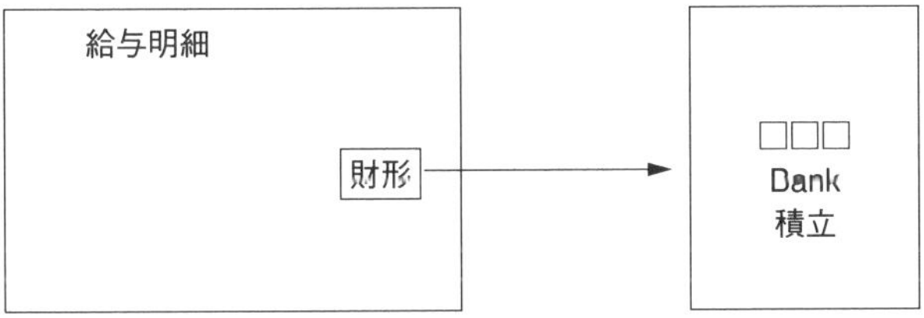

♥子どもの教育資金のために引き出したときに給付金があることも

一般財形をしていると子どもの教育資金のために引き出したときに給付金がある場合があります（図表36）。こちらは、会社により制度が異なりますので、確認が必要です。

【図表36　一般財形貯蓄給付金】

一般財形貯蓄給付金（目的　→　育児・教育・介護・自己啓発）	
貯蓄残高	給付金
50万円～100万円未満	1.5万円～９万円
100万円～150万円未満	2.5万円～15万円
150万円以上	3.5万円～21万円

♥財形貯蓄は「借りる」機能もある

財形貯蓄は貯めるだけではなく、「借りる」という機能もあります。これは、財形貯蓄融資といって、例えば一般財形を利用していた人なら、教育資金の融資を受けることもできます。

プランどおりに貯蓄を実行していても、子どもの進路が当初の予定と変わることもあります。また、急な教育費の値上がりなどがあり、貯蓄が追いつかないなどの場合、比較的低い金利でお金を借りることができます。

例えば、財形貯蓄利用者のための教育ローンの金利は2.35%です（平成21年１月１日現在）。融資額は貯蓄残高の５倍以内、10万円以上450万円までの範囲で可能です。一般の金融機関でも教育ローンは、比較的低利で融資を受けることが可能ですから、融資を受ける場合は、金利等の条件を比較して検討するとよいでしょう。

財形融資の問合先：独立行政法人雇用・能力開発機構勤労者財形形成部（TEL：045－683－1166）

♥借りると同時に返す計画を

当然のことながら、借りたお金は返さなければなりません。教育ローンを親が借りて親が返すのか、返済は子どもがしていくのかなどもきちんと決める必要があります。

上の子どもの教育ローンの返済をしながら、下の子どもの教育資金準備が可能なのか、ローン返済と並行して老後資金の準備が可能なのかなどお金を借りる場合は、返済計画も含め総合的に判断しなければなりません。

ここがポイント

♡給与天引でお金が貯まる一般財形は、教育資金づくりに有効です。

Q16 銀行でできる教育資金づくりは

Answer Point

♡積立預金である程度お金が貯まったら、定期に預け替えます。ネット銀行は金利が高め、ぜひ活用しましょう。

♥ネット銀行のしくみは

教育資金として銀行の積立預金を利用している場合も、年に1回は残高を確認してより金利の高い金融商品、定期預金に預け替えをしましょう。こまめに残高チェック、金利チェックをすることによりお金をより効果的に貯めることができます。

定期預金を考える場合は、ネット銀行がおすすめです。ネット銀行とは、インターネット上でビジネスを行っている銀行です。通常、ネット銀行には店舗がありませんので、インターネットを通じて手続をします。

例えば、ネットの銀行に口座を開く場合は、まずその金融機関のHPにアクセスし、口座申込みに関する必要な手続をネットを通じて行います。お金の出入れはコンビニのATMでできますから、とても便利です。

♥ネット銀行の金利は有利

ネット銀行は、都市銀行のように街のあちこちに窓口がない分金利が有利になっています。ネット銀行の金利例は、図表37のとおりです。

【図表37　スーパー定期の金利例】

預入金額300万円未満　　　（2008年12月調査）

銀行名		1年定期	3年定期	5年定期	10年定期
都市銀行		0.25%	0.3%	0.45%	0.6%
ネット銀行	オリックス信託銀行	0.9%	1.05%	1.2%	設定なし
	ソニー銀行	0.7%	0.809%	0.85%	1%
	住信SBIネット銀行	0.646%	0.674%	0.722%	設定なし

♥定期預金の期間を選ぶポイント

定期預金は、早期に解約すると解約利率が適用になり不利なので、お金の用途に合わせて期間を選ぶべきです。

ただし、昨今のような低金利が続いている状況だと、たとえそのお金の用途が５年後であっても５年定期を利用せず、１年定期あるいは３年定期くらいを利用し、金利上昇時に有利な定期に預け替えるほうが無難でしょう。

♥銀行の金利情報をとるには

金利はどこの銀行でも同じというわけではありません。都市銀行はほぼ同レベルの金利となっていることが多いですが、少し視野を広げてネット銀行の口座を持っていると同じ定期預金でも金利が数倍よい場合があります。

これから新規でネット銀行など定期預金の金利がよい銀行で口座を開設したいという方は、検索サイトのヤフーファイナンスなどで金利一覧をチェックすると便利です。例えば、ヤフーファイナンスでは、毎週全国の銀行の金利情報が更新され、また過去の金利一覧も見ることができますので、預金金利が高い銀行を探すことができます。

ヤフーファイナンス http://quote.yahoo.co.jp/ → お金 → 預金金利

♥よいキャンペーンと悪いキャンペーン

各銀行では、時々キャンペーンを実施します。特にボーナス時期は、定期預金の金利が普段より高めに設定されていたりしますので、有利です。また、キャンペーン期間中に新規で口座を開設する方には、プレゼントがあったりする銀行もありますので、ボーナスシーズンは銀行のホームページをチェックしておくとよいでしょう。

一方、キャンペーンと称して、その他の投資商品を購入することを条件として定期預金金利を高くしている銀行もあります。その場合は、手数料を必ず確認してください。たとえ金利が高くても、投資商品購入コストが高ければかえって損をしてしまいます。

また、教育資金は、確実に資金を貯められなければ意味がありませんので、無計画に投資商品を利用するのもよくありません。さらにキャンペーン商品の中には、満期日を自分で決めることができない、銀行の都合で満期が延長され預金者は中途解約ができないという商品もあります。このような商品は、特に金利の高さが目につきますが、よく内容を確認することが大事です。

ここがポイント

♡定期預金は、ネット銀行を活用します。
♡定期預金の期間は、金利の動向も考えながら判断します。

Q17 年代別教育資金準備のポイントは

Answer Point

♡４分法を利用した積立計画で、適切な金融商品を選びます。

♥30代の教育資金の準備例

30代のＡさん夫婦は３歳の子どもの教育費として、700万円を貯蓄目標と考えています。今の住まいの地域は環境もよいので、小学校・中学校は地元で伸び伸びと育てたいと考えたからです。

現在の貯蓄額は、235万円です。当面の優先順位は、教育資金と住宅購入のための頭金を準備することと考えています。妻は子どもが小学校に上がる頃をめどに再就職をし、家計収入のアップを予定しています（図表38）。

【図表38　30代の教育資金のケース】

夫　33歳
妻　31歳
子　３歳

中学までの公立、教育費は家計からやりくり
教育資金としては、高校・大学の費用として目標700万円

Ａ銀行　普通預金　60万円
Ａ銀行　定期預金　100万円　金利0.3％　１年満期
Ｂ銀行　普通預金　75万円
今ある我が家のお金 合計 235万円

分　類	用　途	目標額	今あるお金	不足額
すぐに使えるお金	生活費の３か月分	60万円	60万円	０円
10年以内に使うお金	教育資金	700万円	150万円	500万円
	住宅頭金	300万円	25万円	275万円
10年以上先に使うお金	老後資金	3,000万円	０円	3,000万円
万が一に備えるお金	死亡保障 医療保障	保険		

今あるお金150万円
ネット銀行の定期を利用　→　金利１％×12年　→　高校入学までに約165万円

子どもが小学校に上がったら妻再就職　一般財形 月々２万円　→　金利１％×９年　→　高校入学までに約224万円

学資保険　→　保険料月々２万円×15年　→　高校卒業時に満期金400万円

金利は積立期間平均見込み

♥40代の教育資金のケース

40代のＢさんご夫婦は、お子さん２人が中学生になり教育費の負担に現実味が増してきました。お子さんの進路は高校までは公立で、大学については私立に行くことも視野にいれて２人あわせて600万円を準備する予定です。Ｂさんご夫婦は共働きなので、学費についてはある程度やり繰りがきくので、主に受験にかかる費用と入学金のための資金と考えています。

【図表39　40代の教育資金のケース】

夫　45歳
妻　42歳
子　15歳　子　12歳

高校までの公立、教育費は家計からやりくり
教育資金としては、大学の費用としてそれぞれに目標300万円

Ａ銀行　普通預金　160万円
Ａ銀行　定期預金　100万円　金利0.3％　１年満期
Ｂ銀行　普通預金　25万円
Ｃ銀行　普通預金　75万円
Ｃ銀行　定期預金　200万円　金利0.35％　１年満期
今ある我が家のお金 合計 560万円

⇨

分　類	用　途	目標額	今あるお金	不足額
すぐに使えるお金	生活費の３か月分	60万円	60万円	0円
10年以内に使うお金	教育資金	600万円	300万円	300万円
10年以上先に使うお金	老後資金	3,000万円	200万円	2,800万円
万が一に備えるお金	死亡保障 医療保障	保険		

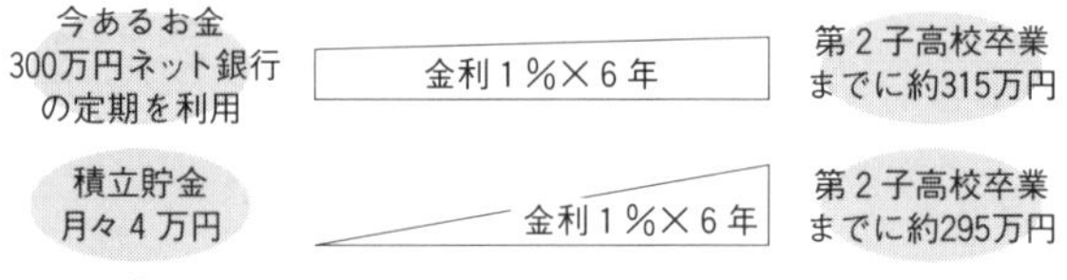

金利は積立期間平均見込み

ここがポイント

♡計画は、定期預金の活用と財形や学資保険などの積立とダブルで考えます。

4 住宅資金を貯める術は

住宅は高額な商品なので、「貯め方」「借り方」「返し方」と複合的な知識が求められます。ローンという大きな負債を抱えることにもなりますので、より計画的な取組みが必要です。

Q18 我が家に必要な住宅資金はいったいいくら

Answer Point

♡住宅購入の頭金は物件価格の20%、他に諸費用として５%程度はお金の準備が必要です。

♥頭金は貯金で、ローンは家計から

住宅は「一生で一番大きなお買物」といわれるほど高額商品なため、ほとんどの場合、住宅ローンを組んで購入します。その際、物件価格の20%を頭金として貯金で準備するのが目安です。さらにローンの諸費用、引越費用等で物件価格の５%程度のお金も必要です（図表40参照)。

【図表40　物件価格と貯金の目安】

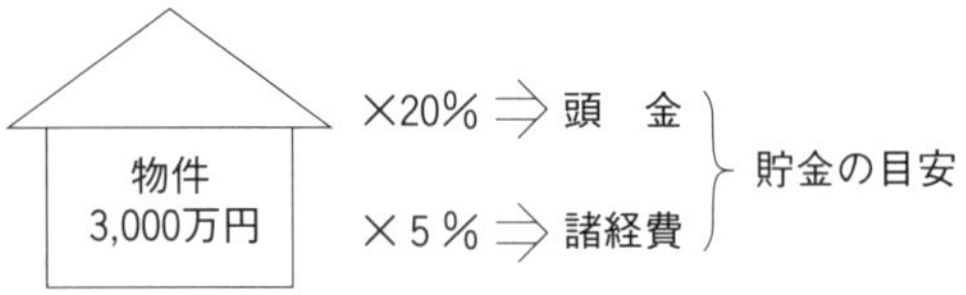

例えば、3,000万円の物件購入を考えている場合は、頭金として600万円、諸費用として150万円、合わせて750万円が貯金の目安です。

物件価格と頭金との差額2,400万円を金融機関から借りると、金利3.5%・35年ローンで月々返済額は99,190円です。ローンの返済は家計からやりくりができるかどうかで判断します。

♥頭金なしで住宅を購入するとローンがきつくなる

実際には、頭金なしで住宅を購入することも可能です。しかし、その分ローンの返済額も増えますので、無計画な住宅購入は家計のやりくりをきつくすることになります。

例えば、住宅ローンに優遇金利を設けている金融機関がありますが、頭金なしだとまず優遇は受けられません。また、後々買換えや借換えといった場合に物件の価値がローン残高よりも低い「担保割れ」を起こす可能性も高くなります。仮に3,000万円の物件を頭金なしで購入する場合と600万円の頭金を用意して購入する場合では、図表41のように月々の返済額が24,798円も負担に差が出ます。

【図表41　頭金を600万円用意した場合・ない場合の返済額の違い】

返済期間	35年		差額
金利（全期間固定）	3.5%		
借入額	3,000万円	2,400万円	600万円
月々の返済額	123,988円	99,190円	24,798円
年間の返済額	1,487,856円	1,190,280円	297,576円
返済総額	52,074,960円	41,658,800円	10,415,160円

さらに注目すべき点は、3,000万円を頭金なしでローンを組むと35年間の返済総額は5,200万円以上、つまり2,200万円が利息ということです。これが600万円の頭金が準備できると、1,000万円以上利息の返済負担が減ります。

♥賃貸の場合は、老後の家賃分を現役時代に貯金する

住宅は、購入せず賃貸で過ごすことを選択する家庭もあるでしょう。賃貸住宅は、家族構成や通学・通勤の利便性を考え住み替えることが容易にできるというメリットがあります。

賃貸の場合は、老後の住まいにかかるお金を現役時代に貯金しておくことが必要です。

例えば、退職までは社宅に住むという方もおられるでしょう。その場合は、退職後の住まいを自分で用意しなければなりませんので、退職金をどの程度住宅資金に充てられるのかなどを考えておく必要があります。

住宅ローンは定年後でも借りられないことはありませんが、実際に年金からローン返済をするのは厳しいです。退職後に住まいを準備する場合は、できるだけ貯蓄で賄うか、無理のない範囲でローンの返済ができるよう十分な頭金を準備する必要があります。

また、転勤がちであっても家を買いたいという方もいるでしょう。その場合は、家を貸す、家を売ることもあり得るということを念頭に物件選びをするとよいでしょう。当然担保割れになると借金の残債を返済しながら新しい住宅の費用を負担することにもなりますから、資金計画は慎重にすべきです。

ここがポイント

♡物件価格の25%が貯金の目安です。
♡ローンは家計でやりくりできる範囲で考えます。

Q19 住宅資金の積立額は

Answer Point

♡住宅資金は、物件価格の25％程度が貯金の目標額です。
♡もし、３年後に3,000万円の物件をということであれば、月々20万円が積立額となります。

♥頭金は物件価格の20％、諸費用として５％が目安

金融機関からお金を借りるときは、担保を差し出すのが普通です。担保とは、万が一借金が払えなくなった場合に、差し出さなければならないモノです。住宅ローンの場合は、これから買おうと思っている「夢のマイホーム」が担保となります。

貸す側の金融機関は、担保の価値と貸出金額とのバランスを考えます。

万が一借り手がローンを支払えなくなった場合、金融機関は、担保物件を売却して貸付金を回収しなければなりませんので、担保の価値以上のお金は貸してくれないのです。

新築のマイホームは、購入価格が3,000万円であっても担保として3,000万円の価値とは認められず、物件価格の80％を融資上限としている金融機関が多いようです。なぜならば、建物の価値が年々下がる（減価償却）ことを見込んで貸せるお金を計算するからです。新車が時間の経過とともに値段が下がるのと同じです。これが頭金は物件価格の20％という背景です。

【図表42　マイホームを担保に融資を受ける】

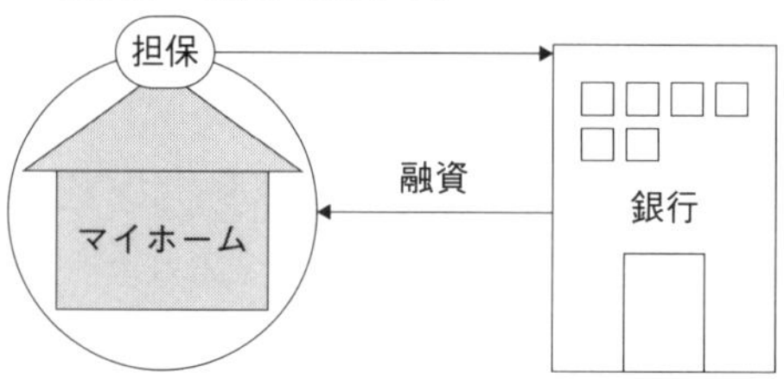

♥いつ買うかによって積立プランを決める

例えば、３年後に物件3,000万円の家を購入するのであれば、物件価格の25％（頭金と諸費用分）として750万円が貯蓄目標額です。３年という期限ですから、月々20万円が積立額となります。

♥金利の動向もチェック

現在の低金利は、お金を借りる際には好都合です。

例えば、3,000万円を35年ローンで借りた場合、金利が3.5%と４%であれば毎月の返済額は8,845円、35年間の返済総額は371万円以上の負担増となります。

【図表43　金利差による返済負担増】

返済期間	35年		差　額
借入額	3,000万円		
金利	3.5%	４%	0.5%
月々の返済額	123,988円	132,833円	8,845円
年間の返済額	1,487,856円	1,593,996円	106,140円
返済総額	52,074,960円	55,789,860円	3,714,900円

【図表44　借入額1,000万円あたりの月々の返済額】

返済期間	20年	25年	30年	35年
固定３%	55,460円	47,422円	42,161円	38,486円
固定3.5%	57,996円	50,063円	44,905円	41,330円
固定４%	60,599円	52,784円	47,742円	44,278円
固定4.5%	63,265円	55,584円	50,669円	47,326円

〈表の見方〉

3,000万円を35年、金利3.5%でローンを組む場合
返済期間　→　35年
金利　　→　　3.5%
交わった欄の数字　→　41,330円　（借入額10,000万円あたりの月々の返済額）
借入額3,000万円の月々の返済額　→　41,330円×3＝123,990円
※月々の返済額が支払可能な金額かどうかをチェックする。

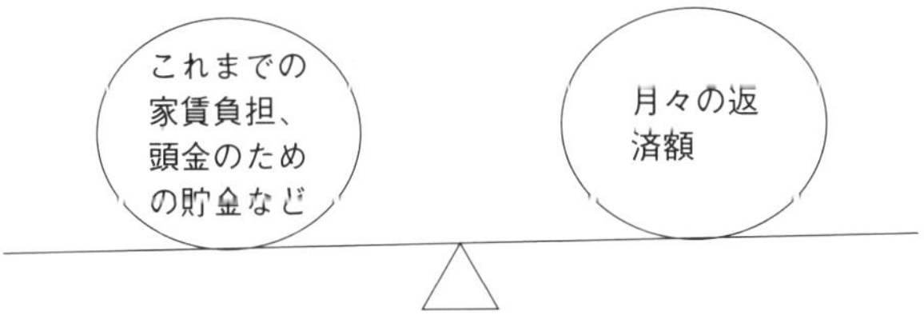

ここがポイント

♡住宅資金は、購入したい物件価格によって積立額が変わります。
♡金利の変動により返済額が大きく変化します。

Q20 住宅資金づくりに適した積立商品は

Answer Point

♡会社員の特権「財形住宅貯蓄」は、一般財形よりさらに内容が充実しており、会社員ならぜひ利用したい有利な制度です。

♥頭金づくりは財形住宅貯蓄

財形住宅貯蓄は、住宅を取得するための資金づくりをサポートするために特別につくられた会社員のみが利用できる制度です。

また、税金面での優遇が受けられる制度なので、一般財形よりさらに有利です。給与天引で毎月自動的にお金が貯まる点は一般財形と同じですが、元本550万円分まで税金が免除されるという大きなメリットがあります。

預金利息にかかる20%の税金がかからないのですから、ずいぶんおトクです。

【図表45　財形住宅と預金】

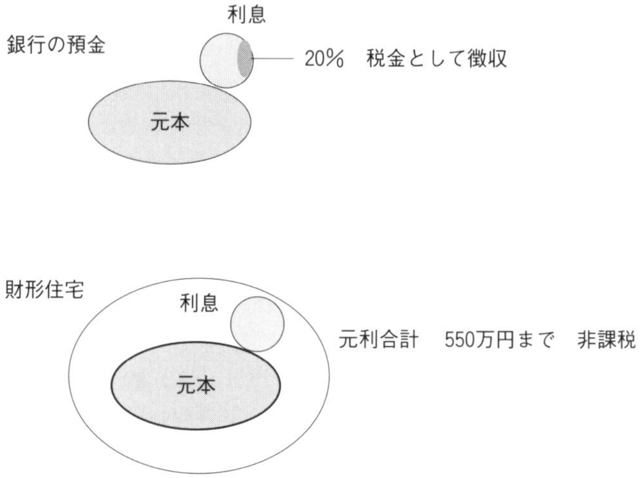

この財形住宅貯蓄を利用するには、まず勤務先が財形制度を取り入れているかどうかを、会社に問い合わせます。

積立の金額は、月々の給与から天引される金額とボーナス時に天引される金額の２種類を決めることができます。この金額は、住宅購入スケジュールに合わせて決定します。

会社によっては、利用できる金融商品が定期預金ではなく保険商品になっている場合もありますが、その場合でも、払込保険料累計額550万円までの利子が非課税です。

また、住宅ローンを借りる際にも財形住宅利用者のみが対象となる融資もあります。

【図表46　財形住宅貯蓄の概要】

	財形住宅貯蓄
対象者	満55歳未満の勤労者。積立期間は5年以上。住宅取得、または増改築の費用のための貯蓄が目的。
メリット	元利550万円まで非課税 ※財形年金貯蓄と併用の場合は合算
注意点	住宅資金としての目的以外の引出しに対しては、過去5年分の利息に対し20％課税のペナルティ

♥財形融資の特徴は

財形利用者が利用できる財形融資は5年の固定金利のローンです。借入時に当初5年間のみ金利が確定しており、その後5年ごとに金利が見直しされます。融資額は財形貯蓄残高の10倍で最高4,000万円までです。融資額は、物件取得額の80％が上限となっています。

金利等の融資条件については、その他金融機関と比較しながら有利なものを選べばよいのですが、特に財形融資の特徴となっているのは適用金利が申込時点の金利となっている点です。

通常金融機関で住宅ローンの申込みをすると、最終的な融資金利の決定は「融資実行時」です。例えば、建築中のマンションの購入を考えている場合、完成まで1年以上かかる場合があります。住宅購入と同時にローンの借入を検討し、未完成の時期からいろいろな金融機関で資料をもらうのですが、最終的な金利はマンションが完成してからでないと決まらないのです。このため金利が上昇傾向にある場合、実際の返済額が予定より多くなり計画が狂う場合もあります。

その点財形融資は、申込時点での金利で借入を決定することができますので、返済計画どおりに進められるという特徴があります。

ここがポイント

♡財形住宅は、税制上のメリットが大きくなっています。

Q21 頭金の貯金が間に合わないときは

Answer Point

♡親からもらう、親から借りるということも視野に入れてみましょう。

♥贈与は年間110万円までが非課税

贈与を受ける場合は、年間（1月1日〜12月31日）110万円までは非課税です。しかし、それ以上の金額の場合は、図表47のような税率で税金を支払わなければなりません。

【図表47　贈与税】

贈与額ー110万円	税　　率	控除額
200万円以下	10%	ー
300万円以下	15%	10万円
400万円以下	20%	25万円
600万円以下	30%	65万円
1,000万円以下	40%	125万円
1,000万円超	50%	225万円

例えば、親から300万円の贈与を受けると、支払わなければならない贈与税は19万円です。また、この場合は、確定申告が必要です。

（300万円－110万円）＝190万円×10%＝19万円（贈与税額）

【図表48　親から子への贈与は年間110万円までは非課税】

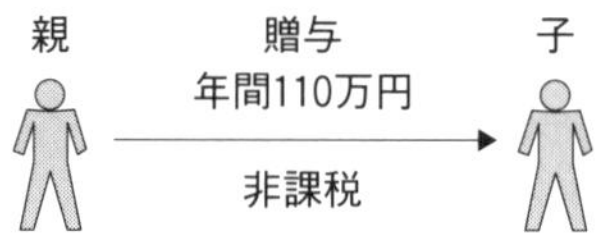

♥高額な贈与を受ける場合は相続時精算課税制度を利用

110万円以上の住宅購入のための贈与の場合は、相続時精算課税制度を利用することもできます。

相続時精算課税制度は、親から子への資金援助がいったん2,500万円まで（住宅購入の場合は、さらに1,000万円が上乗せされて3,500万円まで）が非課税で受けられ相続時に改めて相続税の計算をする、という制度です（住宅取得資金のための特例は、平成21年12月31日までに住宅取得資金の贈与を受けた場合に適用される制度です）。

【図表49　相続時精算課税で1,000万円もらった例】

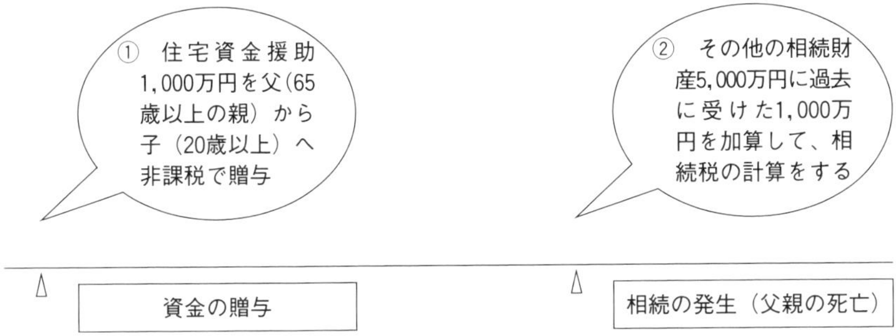
① 住宅資金援助1,000万円を父（65歳以上の親）から子（20歳以上）へ非課税で贈与
② その他の相続財産5,000万円に過去に受けた1,000万円を加算して、相続税の計算をする
資金の贈与
相続の発生（父親の死亡）

父親が生存中に受けた住宅資金援助1,000万円は、父親の死亡時にその他の相続財産と合算され、相続税計算の対象となります。

仮に相続財産5,000万円、住宅資金援助1,000万円であったとしても法定相続人が母親と子１人の場合は、相続税の基礎控除が7,000万円まで認められるため、相続税の支払いの義務はありません。

つまり、税金の負担をせずに、必要な人に必要な時期に資金の移転ができた、ということになります。

【図表50　相続税の非課税枠】

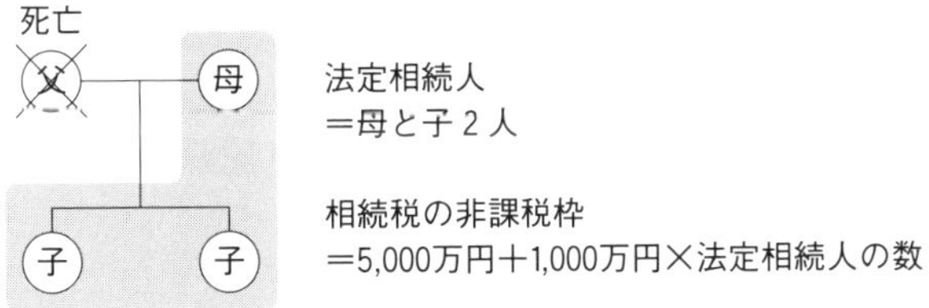
死亡
父
母
子
子
法定相続人
＝母と子２人
相続税の非課税枠
＝5,000万円＋1,000万円×法定相続人の数

【図表51　父親から住宅資金援助例】

相続時の父親の財産5,000万円

＋　　　　＜　相続税非課税枠（7,000万円）

相続時精算課税でもらった1,000万円

※相続税の非課税枠＝5,000万円＋1000万円×法定相続人の数

仮に、1,000万円を通常の贈与で援助を受けたとすると、非課税枠110万円を超えた890万円に対し231万円が贈与税として課税されますから、この有利さがわかると思います（図表52参照）。

【図表52　親から1,000万円を通常の贈与で援助を受けたときの贈与税】

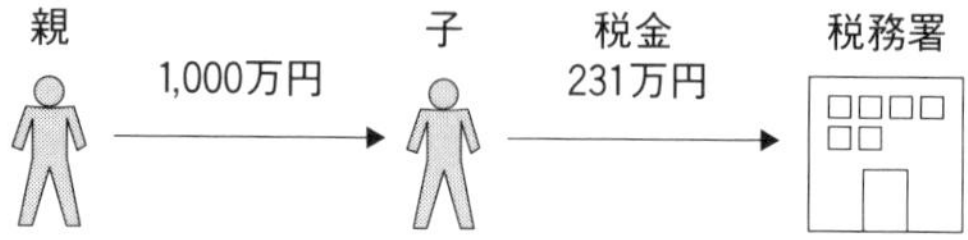

♥親からお金を借りるときは

親からお金を借りるときは、きちんと契約書を取り交わし毎月の返済も銀行振込みを利用することが原則です。また、金利もあまり低すぎると贈与とみなされてしまいますので、注意が必要です。

例えば、２％の長期固定金利という有利な条件で親から借入ができれば、利息として金融機関に返さずとも親に返すので、親子それぞれメリットがあります。

♥家を買おうと思ったら住宅ローン分を貯金

新築の家を購入しようと思う場合、実際の入居は１年後とかそれ以上先ということもあります。その場合、おすすめなのは住宅ローンの返済をしているつもりでその額を貯金することです。

「家賃と同じくらいのローンの返済で家が買えますよ」というセールストークがありますが、一般的には家賃プラスアルファの金額でローン返済額を考える人が多いようです。そうであれば、その差額分をローンの返済が始まる前から貯蓄するのです。

家賃プラス２万円でローンを組むことを考えている人なら、新居入居までの１年間に24万円貯金できます。さらにボーナス返済として10万円を２回計画している人なら、合計44万円の貯金が可能です。

この貯金には、住宅ローン返済のための予行練習という意味合いもあります。住宅ローンの返済は30年、35年という長期戦です。その間、毎月決まった金額を払い続けるのは、想像以上に大変なことです。特に住宅を購入すると何かと財布の紐もゆるみがちになりますので、入居前からローンを見込んだ生活にしておくことが大切なのです。

ここがポイント

♡親世帯まで巻き込んで考えると、選択肢が増えてよい結果が得られることがあります。

Q22 住宅ローンの上手な借り方は

Answer Point

♡ローンにはいくつか種類があり、返済計画によって選びます。

♥借りられる額より返せる額

適正とされる年間の返済額は、年収の25%以内といわれています。金融機関によっては、返済額が年収の25%以上になってもお金を貸してくれる場合がありますが、大切なことは本当に返していけるのかということです。

♥住宅ローンの金利は主に３種類

住宅ローンの金利は、固定金利・変動金利・固定金利期間選択型の３種類に分けられます。

固定金利は、借入時に設定された金利が返済終了時まで変わりません。毎月の返済額が変わりませんので、計画が立てやすいというメリットがあります。

【図表53　固定金利は返済終了時まで返済額が変わらない】

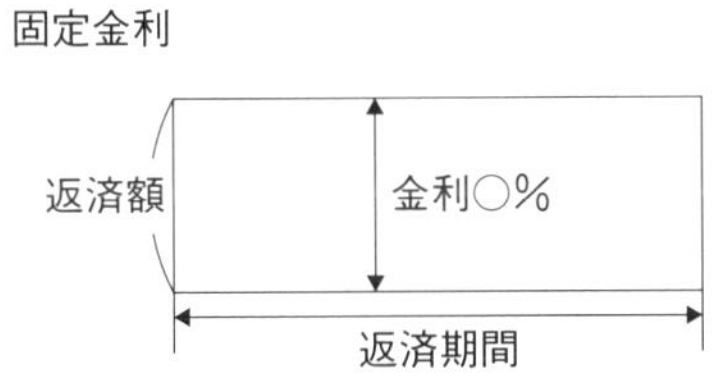

変動金利は、金利が半年に１度見直しされます。金利が下降傾向にあるときには、金利変動によって利息負担が小さくなるというメリットがありますが、金利上昇時には利息負担が大きくなる心配があります。

特に返済額の見直しは５年に１度だけなので、本来払わなければならない利息が返済額を上回り、未払利息として繰り越されることもあります。その点は、要注意です。

返済額の見直しに上限があるため（上昇幅は最大25%）、金利が大幅に上昇した場合、毎月の返済額だけでは増えた金利分の支払いが間に合わず、当初の借入期間が終了しても利息分の支払いが終わらず完済が遅れるということもあります。

【図表54　変動金利は返済額が５年に１度見直される】

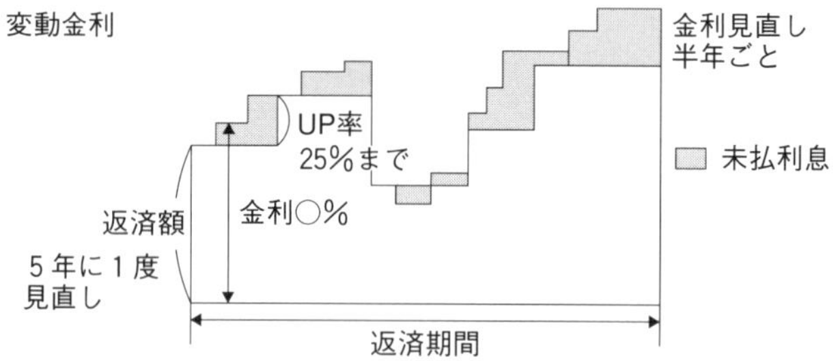

あらかじめ金利見直しのタイミングが決められているのが固定金利期間選択型です。例えば、３年固定であれば３年間は固定金利で期間終了後にローンの見直しをします。固定金利タイプと比較すると当初の金利は低く、数年間は金利が変わらないという安心感もあります。

しかし、こちらも金利の上昇に対するリスクはあります。

【図表55　固定金利期間選択型】

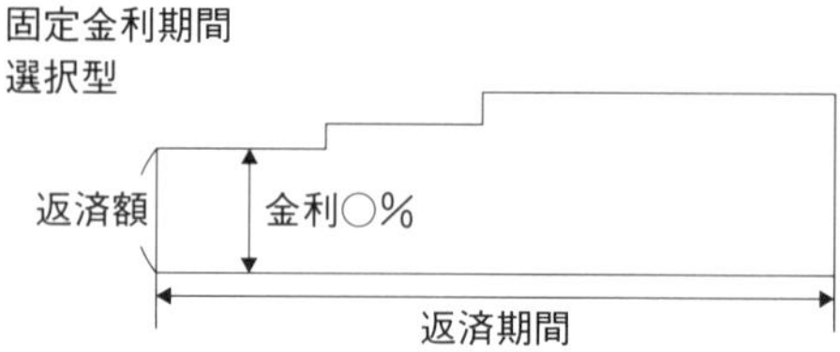

♥住宅ローンは総合的に判断

金利だけで比較をすると、変動金利が一番低く、続いて固定金利期間選択型、固定金利と金利が高くなりますが、住宅ローンは長期間にわたり支払い続けるものですから、いろんなケースを想定して判断しなければなりません。

住宅ローンの選び方によって返済総額が数百万円違うことがあります。また場合によっては、固定金利と固定金利選択型を組み合わせるミックス型なども選択肢です。さらに、住宅は高額商品なだけに経済対策として減税政策など有利な制度もありますから、専門家のアドバイスを求めるのもよい方法です。

ここがポイント

♡住宅ローンは、種類によってメリットとデメリットがありますから、総合的に判断する必要があります。

Q23 住宅ローンの見直しは必要ってなぜ

Answer Point

♡住宅ローンは、繰上げ返済や借換えなど適時見直すのは、節約効果が期待できるからです。

♥繰上げ返済というのは

繰上げ返済とは、ローン返済中に元金部分を一部まとめて支払うことです。元金をまとめて支払うことで、その部分にかかる利息を支払わずにすむというメリットがあります。利息の負担が大きいローン返済初期のほうが、大きな効果を得ることができます。

もし、3,000万円を金利3.5%・35年ローンで借りた場合に、500万円を繰上げ返済した効果は、図表56、57のとおりです。繰上げ返済は、借入後早い時期に実行したほうが、節約効果が高いことがわかります。

【図表56　繰上げ返済の節約効果】

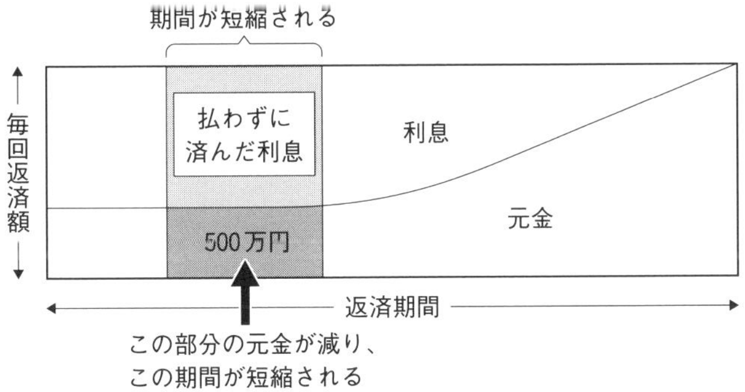

【図表57　繰上げ返済の期間比較】

実行時期	払わずに済んだ利息	短縮できた期間
5年後	7,319,516円	99か月
10年後	5,568,945円	85か月
20年後	2,714,858円	62か月

♥繰上げ返済の注意点は

金融機関によっては、繰上げ返済に費用がかかるところがあります。一方、繰上げ返済の手数料を無料としているところもあります。ローンを組むときに確認したい点です。

繰上げ返済をすると、将来支払わなければならない利息を支払わずに済みますので、長期間でみると大きな節約効果が期待できます。しかし、手元のお金がなくなるわけですから、教育資金や老後資金との兼合いも考えながら計画をすべきです。

♥繰上げ返済の計画をエクセルで立てる

パソコンをお使いになる方なら、エクセルを使うと簡単にローンのシミュレーションすることができます。まず、エクセルのテンプレートから「ローン計算書」を呼び込みます。

【図表58　パソコンを使ったローン計画書の例】

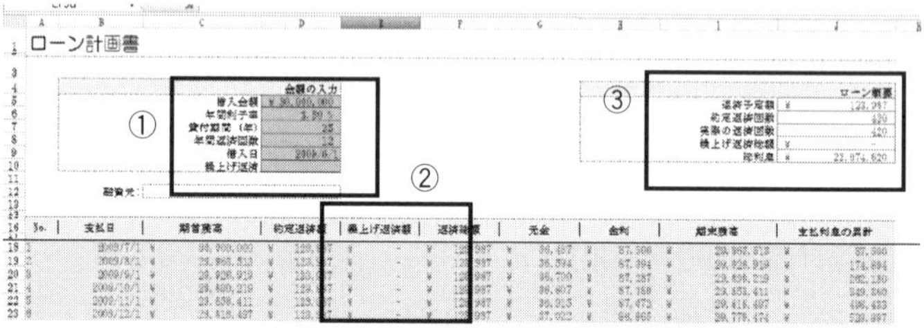

①　入力部分　借入金額　金利　年数など入力します。

②　繰上げ返済の計画を入力します。毎年50万円ずつなら、12か月ごとに500,000と入力します。

③　効果を確認します。繰上げ返済を何回行えば、目標とする返済回数にまで返済期間を短縮できるかをシミュレーションします。

例えば、35歳の人が35年ローンを組むと完済は70歳です。しかし、繰上げ返済を計画的に行うことで、60歳までに完済することも可能です。

【図表59　35歳の人が35年ローンを組んだ例】

<table>
<tr><td colspan="2">最初のローン</td><td rowspan="6">年100万円ずつ6回
繰上げ返済実行</td><td>返済回数　299回に
短縮（25年で完済）</td></tr>
<tr><td>借入額</td><td>3,000万円</td><td rowspan="5">支払総利息
12,992,279円
（得した利息
約908万円）</td></tr>
<tr><td>金利</td><td>3.5%</td></tr>
<tr><td>返済期間</td><td>35年</td></tr>
<tr><td>毎月の返済額</td><td>123,987円</td></tr>
<tr><td>支払総利息</td><td>22,074,620円</td></tr>
</table>

♥ローンの借換えというのは

ローンの借換えとは、「より有利な条件のローンに借入し直す」ことです。

借換えをすることにより、ローンの返済総額を減らす、毎月の返済額を減らすなど負担を軽減することが可能になります。

【図表60　ローンの借換え】

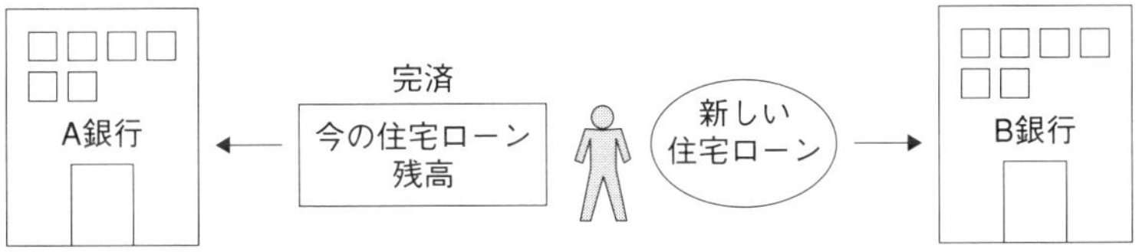

♥ローン借換えの節約効果は

通常は、金利が高いローンから低いローンへ借り換えます。市場の金利が以前より低くなった場合などに利用します。

【図表61　ローンの借換えの節約効果】

借入額3,000万円　金利４％　35年ローンを10年目に借換えすると…（手数料は考慮せず）

	今までのローン	借換えローン
金利	４％	３％
毎月の返済額	132,832円	121,569円
年間の返済額	1,593,984円	1,458,828円
借換え時のローン残高	21,920,241円	
借換えによる利息軽減額	2,703,026円	
諸経費	137,300円	
実質的な節約効果	2,565,626円	

場合によっては、将来の金利上昇のリスクを避けるために、あえて金利の低い変動金利から金利の高い固定金利に借換えを行うことも有効です。

子どもが小さくて、共働きで収入を増やすことが難しいなど、金利の上昇リスクに対応できない可能性が大きい場合は、検討するとよいでしょう。

借換えの場合にも費用がかかりますので、実際にはかかる費用と期待できる効果を比較して考えます。

ここがポイント

♡住宅ローンは、繰上げ返済や借換えなどメンテナンスをすることで返済総額を減らすことができます。

Q24 年代別住宅ローンの考え方は

Answer Point

♡住宅ローンの選び方、計画的な繰上げ返済の実行が大切です。

♥30代の住宅資金のケース

30代のＣさんは、結婚と同時に住宅購入を決意。子どもは３年後に第１子そして２歳違いで第２子と考えています。

現在の家計収入は、共働きで800万円。この家計収入800万円から税金と社会保険料を除いた可処分所得は652万円です。今のところ、子どもが生まれるまでは、２人で働いて、少しでも貯金を増やしたいと考えています。

住宅の頭金である500万円については、それぞれの独身時代の貯金と親からの援助で準備しました。借入額は2,500万円です。

住宅ローンは、これから子どもが生まれるとしばらく妻は育児に専念したいと考えているので、金利変動のない35年固定金利3.5％で組みました。毎月の返済額は103,323円です。

Ｃさん夫婦は、子どもが生まれるまでの３年間は月々７万円とボーナスで66万円を繰上げ返済に回す予定です。

３回の繰上げ返済でローンの完済を35年から25年に10年も短縮することが可能になります。

繰上げ返済用の積立が終わってからの子育て期間は、貯金はあまりできなくなりそうですが、子どもが小学校に上がると同時に妻が再就職し教育資金・老後資金と準備していく予定です。

【図表62　30代の住宅ローンの例】

①　夫30歳、妻30歳

②　特徴：子どもが生まれるまでの間共働きが可能　子どもが生まれたらしばらく妻は育児に専念
　　→変動金利よりも返済額が変わらない全期間固定金利を選択

③　全期間固定金利の住宅ローン
　　メリット：返済額は変わらない
　　デメリット：35年ローンだと完済時夫65歳　利息負担大きい

④　頭金500万円、借入2,500万円でマンションを購入　　借入期間35年　固定金利3.5％　毎月の返済額103,323円

⑤　子どもが生まれるまでの間共働きで繰上げ返済150万円×３回→返済期間の短縮（住宅ローン完済56歳）妻の再就職と定年後の就労により、三大資金を準備

	1	2	3	4	5	6	7	8	9	10	11	12	13	14	15	16	17
夫の年齢	30	31	32	33	34	35	36	37	38	39	40	41	42	43	44	45	46
妻の年齢	30	31	32	33	34	35	36	37	38	39	40	41	42	43	44	45	46
子の年齢				0	1	2	3	4	5	6	7	8	9	10	11	12	13
子の年齢						0	1	2	3	4	5	6	7	8	9	10	11
夫の収入	500	500	500	500	500	500	500	500	500	500	600	600	600	600	600	600	600
税金・社会保険	96	96	96	77	77	77	77	77	77	77	103	103	103	103	103	103	103
妻の収入	300	300	300	0	0	0	0	0	0	0	0	0	100	100	100	100	100
税金・社会保険	52	52	52														
可処分所得	652	652	652	423	423	423	423	423	423	423	497	497	597	597	597	597	597
基本生活費	250	250	250	280	280	280	280	280	280	280	300	300	300	300	300	300	350
教育費								20	20	20	30	30	30	30	30	30	60
教育費										20	20	20	30	30	30	30	30
住宅ローン	124	124	124	124	124	124	124	124	124	124	124	124	124	124	124	124	124
繰上げ返済	150	150	150														
家計収支	128	128	128	19	19	19	19	19	19	−1	53	53	143	143	143	143	93
貯蓄残高（1％運用）	166	296	427	450	473	497	521	545	570	574	633	693	842	994	1,147	1,301	1,407

子どもが生まれるまでの３年間で150万円×３回の繰上げ返済
↓
返済期間約10年短縮（55歳完済）
得する利息約700万円

妻の再就職
（パート）により
家計収入アップ

	18	19	20	21	22	23	24	25	26	27	28	29	30	31	32	33	34	35	36
夫の年齢	47	48	49	50	51	52	53	54	55	56	57	58	59	60	61	62	63	64	65
妻の年齢	47	48	49	50	51	52	53	54	55	56	57	58	59	60	61	62	63	64	65
子の年齢	14	15	16	17	18	19	20	21	22										
子の年齢	12	13	14	15	16	17	18	19	20	21	22								
夫の収入	600	600	600	700	700	700	700	700	700	700	700	700	700	1700	300	300	300	300	300
税金・社会保険	103	103	103	119	119	119	119	119	119	119	119	144	144	144	48	48	48	48	48
妻の収入	100	100	100	100	100	100	100	100	100										
税金・社会保険																			
可処分所得	597	597	597	681	681	681	681	681	681	581	581	556	556	1556	252	252	252	252	252
基本生活費	350	350	350	350	380	380	380	380	380	380	380	300	300	300	280	280	280	280	280
教育費	60	60	80	80	80	150	150	150	150										
教育費	30	60	60	60	80	80	80	150	150	150	150								
住宅ローン	124	124	124	124	124	124	124	124	124	60									
繰上げ返済																			
家計収支	93	63	63	147	97	97	97	27	27	−9	51	256	256	1256	−28	−28	−28	−28	−28
貯蓄残高（1％運用）	1,514	1,593	1,671	1,835	1,951	2,067	2,185	2,234	2,283	2,297	2,371	2,650	2,933	4,218	4,232	4,247	4,261	4,276	4,291

住宅ローン完済
退職まで老後資金準備

公的年金受給開始までの間
ペースを落としての就労
65歳時点で4,000万円以上
の貯蓄が可能

♥40代の住宅資金のケース

40代のＤさんは、共働きで家計収入は840万円です。住宅ローンを選ぶ際には、共働きであるという利点を活かし金利の低い５年固定を利用することに、そして定年までに完済したいので借入期間は20年としました。

【図表63　Dさんの住宅資金の準備ポイント】

① 夫40歳、妻40歳、子13歳と10歳

② 特徴：共働きなので、住宅ローンの金利上昇があってもある程度は対応可能→５年固定を選択
一定期間のみ固定金利の住宅ローン
メリット：全期間固定金利よりも金利が低い
デメリット：固定期間終了後金利が上昇する可能性がある

③ 頭金500万円、借入2,500万円でマンションを購入　当初５年のみ２％を選択　借入期間20年　毎月の返済額　126,471円

④ ５年後の金利が3.5％になっても、その時点で繰上げ返済を300万円実行すれば毎月の返済額も119,049円とそれまでとあまり変わることなく返済を続けることができる

計画的な繰上げ返済の実行により、金利上昇にも耐えられ、三大資金準備も可能

	1	2	3	4	5	6	21	22	23	24	25	26
夫の年齢	40	41	42	43	44	45	60	61	62	63	64	65
妻の年齢	40	41	42	43	44	45	60	61	62	63	64	65
子の年齢	13	14	15	16	17	18						
子の年齢	10	11	12	13	14	15						
夫の収入	600	600	600	600	600	600	1700	300	300	300	300	300
税金・社会保険	103	103	103	103	103	103	144	48	48	48	48	48
妻の収入	240	240	240	240	240	240						
税金・社会保険	42	42	42	42	42	42						
可処分所得	695	695	695	695	695	695	1556	252	252	252	252	252
基本生活費	350	350	350	350	350	380	300	280	280	280	280	280
教育費	60	60	60	80	80	80						
教育費	30	30	30	60	60	60						
住宅ローン	152	152	152	152	152	143						
繰上げ返済					300							
家計収支	103	103	103	53	−247	32	1256	−28	−28	−28	−28	−28
貯蓄残高（1％運用）	500	608	717	777	538	575	4,242	4,257	4,271	4,286	4,301	4,316

６年目で金利が21％（５年固定）→3.5％（全期間固定）
300万円の繰上げで毎月の返済額を抑えることが可能

住宅ローン完済

定年後の就労により65歳時点貯蓄残高4000万円以上を確保

ここがポイント

♡収入を増やすこと、繰上げ返済など総合的にプランニングすることが大事です。

5 老後資金を貯める術は

公的年金制度への不信感から老後の暮らしについて不安を抱く人が増えています。エレガント世代が年金をもらえる年齢は65歳からですから、60歳で定年を迎えた後の生活を早めにプランする必要があります。

Q25 我が家に必要な老後資金はいったいいくら

Answer Point

♡ゆとりある老後のためには、サラリーマン家庭で60歳までに平均4,500万円が必要ともいわれています。

♥もらえる年金の平均額は夫婦で月23万円

厚生労働省のモデルケースでは、一般的なサラリーマン世帯で公的年金は月23万円程度といわれています（厚生労働省平成20年度年金額より）。

このモデルケースは、夫が40年間会社員で、妻はずっと専業主婦という世帯です。

公的年金月23万円の内訳は、夫がもらう厚生年金が月10万円と国民年金が月６万5,000円、妻がもらう国民年金が月６万5,000円、合わせて23万円となります。

♥ゆとりある生活のためには、月38万円が必要

年金受取額平均が月23万円に対し、高齢無職世帯の毎月の支出額は28万円です（総務省平成19年家計調査年報より）。出ていくお金が28万円で入ってくるお金が23万円ですから、毎月５万円が赤字です。

仮に60歳から85歳までの25年間を老後とすると、年間60万円の赤字が25年間続くわけですから、1,500万円を60歳の定年時点で準備すれば間に合うということになります。

しかし、別のデータでは、ゆとりある老後の生活費は月38万円必要といわれています（生命保険文化センター：「平成19年度生活保障に関する調査」より）。こうなると、毎月の赤字額は15万円と跳ね上がり、同じく60歳から85歳までの不足額を計算すると4,500万円となります。

一口に老後の生活資金といっても、その方の暮らしぶりで大きく異なります。また60代と80代では必要なお金の額も使い方も違ってくるでしょう。退職後は旅行を楽しみたい、趣味を活かして教室を持ちたいなど人それぞれの思いもあるでしょう。

老後なんてそんな先のこと考えにくいという方もおられるかと思いますが、若いうちに少なくとも最低限のお金の準備はしておく必要があります。

また夫婦で将来について、考える機会を持つのもよいでしょう。

【図表64　ゆとりのある老後生活費と不足額】

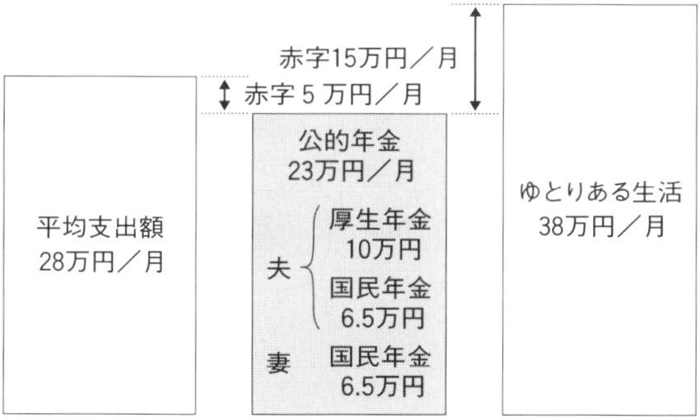

　また、年齢によっては、老後を60歳からではなく65歳からと考えなければなりません。

　なぜならば、公的年金の支給開始年齢が徐々に引き上げられ、男性は昭和36年４月２日以降の生まれ、女性は昭和41年４月２日以降の生まれで、65歳にならないと年金がもらえないことになっているからです。

　つまり30代、40代は、今から60歳以降の自分のキャリアも考えつつ将来に備えなければならないわけです。

【図表65　公的年金の支給年齢の引上げを念頭に入れる】

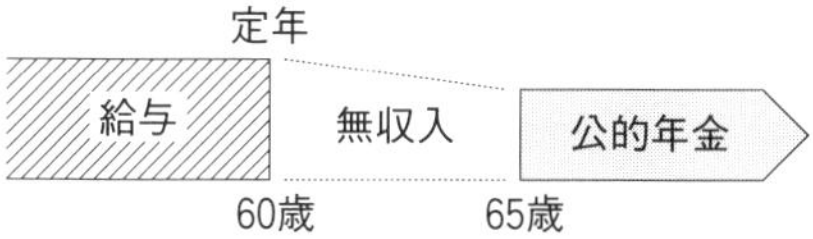

　雇用延長も拡大され、60歳でいったん退職するものの65歳まで再雇用が可能という企業も増えてきました。しかし、再雇用されたとしても、それまでの給与額が保障されるのは稀で、一般的には収入ダウンになることのほうが多いでしょう。

　これからの対策としては、できるだけ早い段階から、自分のキャリアプランを考え生活の基盤をどう維持するか計画する必要があります。また、「会社」を離れたときに、自分がなにをできるのか、なにがしたいのかを常々思い描き、「個人」としての人脈なども築くように心がけるとよいと思います。

ここがポイント

♡若い世代は、現在の年金世代より必要な老後資金が多くなる可能性があります。

Q26 老後資金の積立額は

Answer Point

♡自分が加入する年金制度をよく知ることがスタートです。

♡受給できる概算年金額を社保庁のHPで算出してみましょう。

♥自分の年金額を試算する

50歳以上の人は、最寄りの社会保険事務所に年金手帳を持っていけば、自分がいつからいくら年金がもらえるのかを試算してもらえます。50歳未満の場合は、社会保険庁のHPより、それぞれが年金を試算できるシステムになっています。

社会保険庁の年金試算システムのサイトは、次のアドレスです。

http://www4.sia.go.jp/sodan/nenkin/simulate/index2.htm

試算してみても、今後の制度変更などで金額が変わることもあり得るのですが、年金額がどれくらいなのかある程度わからないと積立額の目標も決めることができません。

したがって、まずは、自分がいつからいくら年金がもらえそうなのか、社会保険庁のHPからベースとなる年金額の概算を出してみることがスタートの作業となります。

♥ねんきん定期便が始まる

年金といえば、ずさんな管理や複雑な制度からよくわからないもの、という認識が横行していました。しかし、平成21年4月より「ねんきん定期便」が国民年金および厚生年金のすべての被保険者を対象に配布されることになりました。

「ねんきん定期便」には、保険料納付実績や年金受給見込額などが盛り込まれます。

年金額がわかれば、老後の生活をイメージして不足額を計算します。

リタイアまでに住宅ローンの支払いが済んでいれば、住まいにかかる費用は固定資産税とリフォーム代でいいでしょう。子どもが独立すれば、夫婦2人の生活費だけで足ります。

今の生活費をベースに、必要な生活費を考えてみましょう。

【図表66　今の生活費をベースに必要生活費を考える】

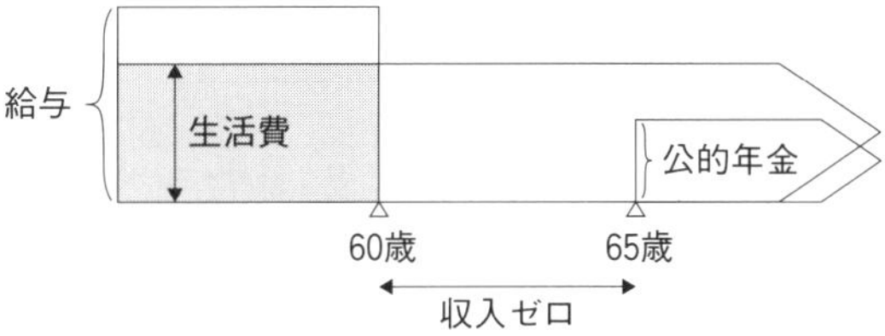

♥公的年金のしくみは

会社員の場合は、国民年金と厚生年金の２つの制度に加入しています。自営業者は、国民年金のみに加入です。第３号被保険者と呼ばれる、会社員の収入のないあるいは少ない配偶者は、保険料負担はしていませんが、国民年金に加入しています。

【図表67　公的年金のしくみ】

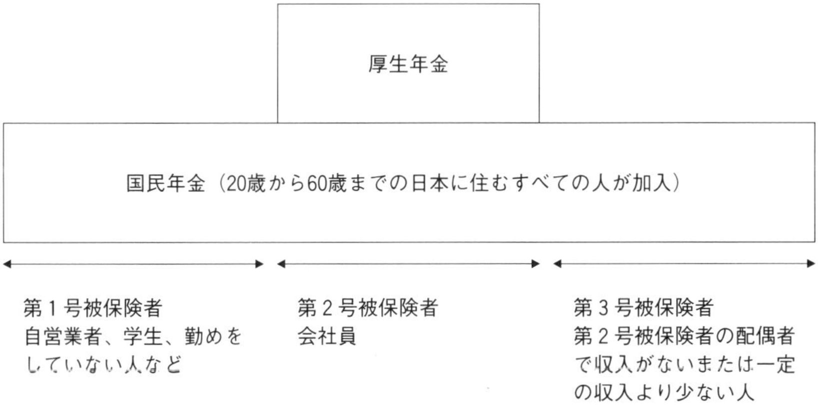

♥老齢年金の受給資格は

公的年金制度には、３つの役割があります。高齢者への生活保障「老齢年金」、障害者への生活保障「障害年金」、父親を失った子やその妻への生活保障「遺族年金」です。このうち老齢年金は、男性は昭和36年４月２日以降生まれ、女性は昭和41年４月２日以降生まれの場合、年金開始年齢が65歳までに引き上げられています。

そもそも老齢年金は、「年金制度に25年以上加入しなければならない」という大前提があります。もし加入年数が25年に達しないと、いくら保険料を払っていても１円も年金を受け取ることができません。昨今の年金記録漏れなどのさまざまな問題は、私たち１人ひとりの老後の生活にかかわっていますので、無関心ではいられません。

【図表68　老齢年金の加入期間による受給資格の有無】

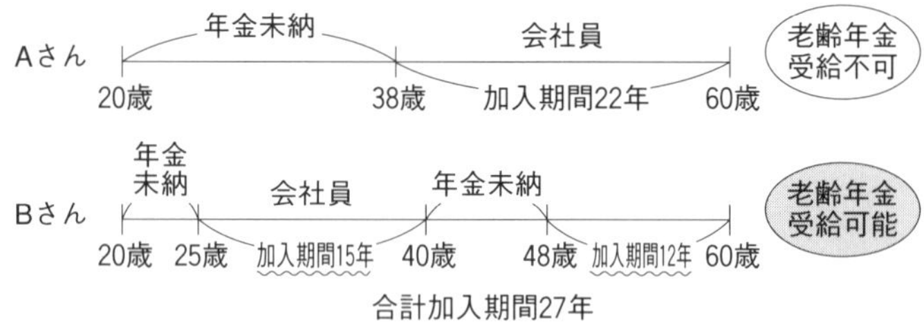

受給要件…加入期間25年以上

♥会社によってはさらに手厚い年金も

会社によっては、厚生年金のさらに上乗せの制度として企業年金がある場合があります。こちらは会社独自の制度なので、会社にどんな内容のものなのか確認しておきましょう。

♥自分でつくる年金

自営業の方の場合は、任意で国民年金基金あるいは確定拠出年金制度に加入することができます。国民年金基金は、掛金によって年金額が決まりますが、確定拠出年金は、加入者が自分で運用します。それぞれしくみは異なりますが、税金上のメリットがあり、ぜひ利用したい制度です。

会社に企業年金がない会社員や派遣社員の方なども、確定拠出年金制度に加入をして自分自身で年金をつくることも可能です。

・国民年金基金連合会　http://www.npfa.or.jp/

【図表69　確定拠出年金も考える】

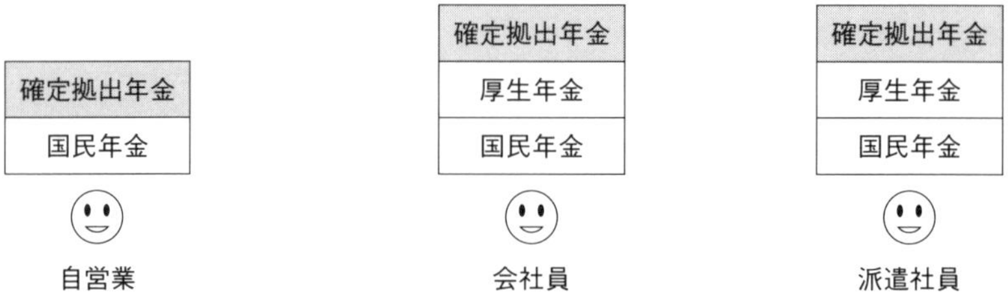

ここがポイント

♡まずは自分が加入している制度を知り、老後の不足額を試算しましょう。

Q27 老後資金づくりに適した積立商品は

Answer Point

♡会社員の特典である財形年金貯蓄を積極的に活用しましょう。

♥財形年金を活用

財形年金は、その名のとおり「老後資金づくり」のためのしくみです。

財形住宅と同様、元利550万円までは利息にかかる20%の課税が免除になるという税金面での優遇があります。

ただし、会社で指定された商品が保険の場合は、保険料払込累計額385万円までが非課税となります。

【図表70　財形年金の利用】

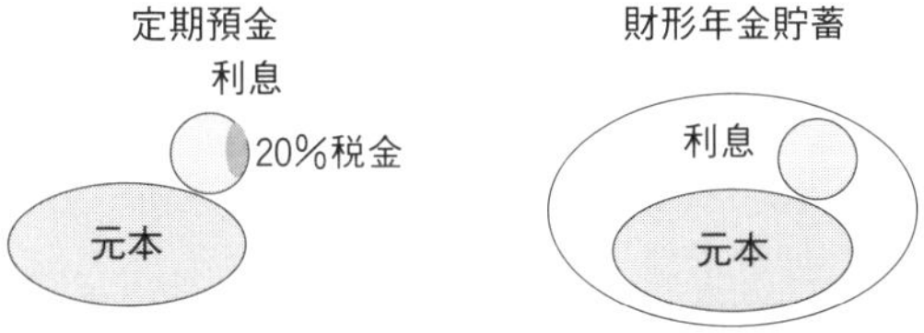

元利合計550万円までの利息は非課税

※保険商品を利用している場合は
払込保険料385万円まで非課税

また、財形住宅とは異なり、受取時の利用者の年齢に制限があることも特徴です。財形住宅あるいは一般財形は、財形制度を導入している会社の社員なら目的に合わせて必要なときに引き出すことが可能ですが、財形年金の引出しは60歳以上となっています。

【図表71　財形年金貯蓄】

	財形年金貯蓄
対象者	満55歳未満の勤労者。積立期間は 5 年以上。老後の資金のための貯蓄が目的（60歳以上での受取り）
メリット	元利550万円まで非課税（保険商品は払込金額385万円まで） ※財形住宅貯蓄と併用の場合は合算
注意点	年金としての目的以外の引出しに対しては、過去 5 年分の利息に対し20%課税のペナルティ

♥財形年金貯蓄の利用にあたっての注意点は

財形住宅と財形年金は、同時期にするより時期をずらして利用したほうが便利です。

一般財形は、税金面での優遇がありませんので、財形住宅との組合せ、あるいは年金財形との組合せはいずれも可能なのですが、税金優遇のある財形住宅と財形年金は同時に２つの制度を利用すると、非課税枠が合わせて550万円までとなってしまいます。

したがって、ベストな活用法は、財形住宅で住宅購入資金を貯め550万円までの非課税枠を目いっぱい利用し、そのあと財形年金を利用し、合計1,100万円の非課税枠を有効に使うというのが財形貯蓄の王道です。

【図表72　財形住宅貯蓄と財形年金貯蓄の利用】

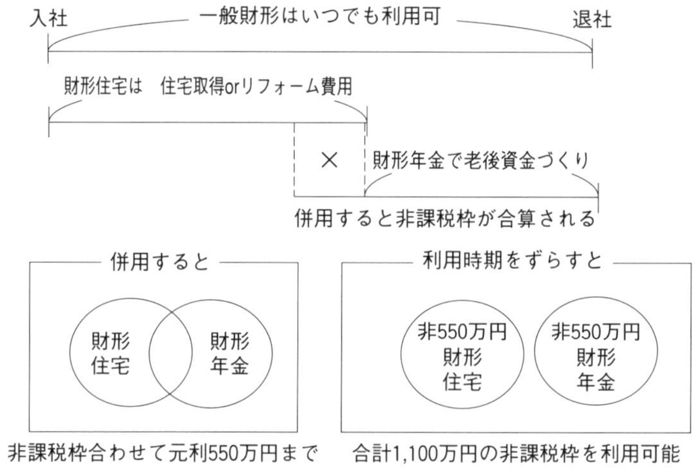

♥税金のメリットが大

財形貯蓄の金利については、他の金融機関と差があるわけではありません。しかし、もし同じ金利であれば、利息にかかる20%の税金が免除になる財形貯蓄は、とても魅力的な金融商品です。

会社がなんでもやってくれる会社員は、税金に無頓着になりがちですが、エレガントさんにはぜひ学んでいただきたい知識です。

ここがポイント

♡財形年金は、会社員にとって有利な制度です。

Q28 保険会社の年金保険ってなに

Answer Point

♡年金保険は積立額と将来の受取額が確定していますので、わかりやすい商品です。

♥年金保険のしくみは

年金保険は、契約者が納めた保険料を保険会社が運用し、老後に分割して受け取る商品です。

例えば、30歳で契約し、60歳まで保険料を納め、60歳から5年間毎年決まった金額を年金として受け取るというようなものです。

【図表73　年金保険のしくみ】

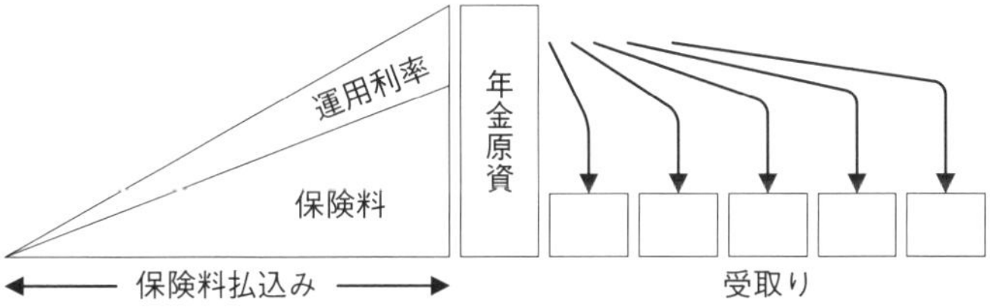

保険料の払込期間中に契約者が死亡した場合は、保険料払込相当額が遺族に支払われます。また早期解約の場合は、ペナルティがとられ元本が割れることもあります。

♥年金保険の3つの受取方法

年金保険は、図表74のように主に3つの受取方法があります。

【図表74　年金保険の3つの受取り方】

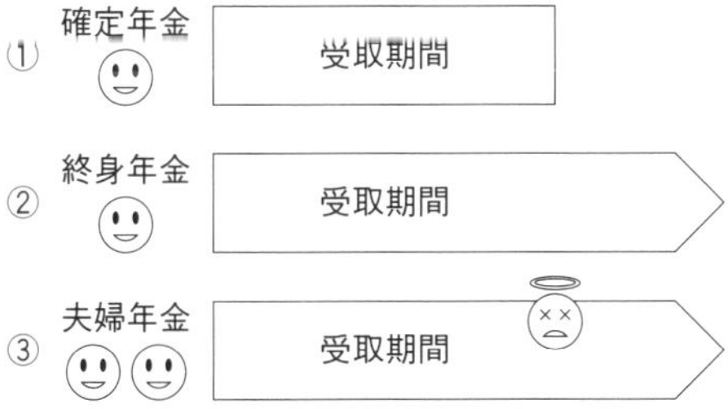

①　確定年金：年金受取開始時期と期間があらかじめ決められています。受取期間中に受取人が死亡した場合は、遺族が代わりに残りの年金を受け取ることができます。

②　終身年金：受取人が亡くなるまで一生涯年金が受け取れます。

③　夫婦年金：夫婦のどちらかが生存する限り年金が受け取れます。

終身年金には保証期間がついているものもあり、保証期間内に受取人が亡くなった場合、保証された年金額の残りが遺族に支払われます。

♥予定利率は1.5%程度

年金保険は、毎月決まった保険料を積み立て、ある年齢に達したらそれまでの運用益を含んだ金額を年金として受け取ります。つまり、保険会社が約束する運用利回り（予定利率）が商品選びのポイントです。

現在の年金保険の予定利率は、１～1.5%程度のものが主流のようです。利回りはあまり高くなくても、将来の受取額が確定したほうがよいと判断する場合は検討してみるべきでしょう。

また、年金保険に支払った保険料は、生命保険料控除とは別枠で最高５万円（平成24年分以降は４万円）の所得控除が受けられます（詳しくはQ38参照）。

♥ロングステイなら外貨建年金保険も

退職後は海外でのロングステイを希望される方もおられるでしょう。将来外貨でお金を使う予定の方であれば、外貨建年金保険も選択肢です。

この商品は、外貨で運用し外貨で受け取る保険商品で契約期間中に契約者が死亡した場合は、払込保険料の全額が保証されます。一般的にはある程度まとまったお金を一時払いし10年以上の期間据え置いて満期金を受け取るタイプが主流です。

受取りが円であれば、為替の影響で損をすることもあり得ますが、外貨で利用するのであれば為替のリスクは考えずに済みます。

ここがポイント

♡あらかじめ受取額が確定している保険会社の年金保険も選択肢の１つです。

Q29 個人向け国債ってなに

Answer Point

♡一般の定期預金より若干金利が高く、国が元本を保証している商品です。

♥利回りは少し高め

個人向け国債は、銀行や証券会社などの身近な金融機関で扱っていますので、注目度も高い商品です。国が元本を保証していますので、年４回の発売スケジュールに合わせ少しずつ老後資金として購入することもできます。

個人向け国債の2009年１月発行の金利は、図表75のとおりです。満期によって５年ものと10年ものの２種類があります。

【図表75　個人向け国債の利回り】

	個人向け国債	
期間	５年満期	10年満期
表面利率	0.8%	0.58%

♥個人向け国債５年満期の活用法

例えば、５年満期の個人向け国債を100万円で購入したとします。金利が0.8%ですから、年間8,000円の利息がつきます。

実際には、半年に１度4,000円ずつの利払いがあり、20%の税金が差し引かれますので、3,200円が利息収入です。５年間に全部で10回、合計32,000円の利益です。

５年の満期がくれば100万円が戻ってきますので、元本が減ることもありません。

【図表76　個人向け国債５年満期の場合】

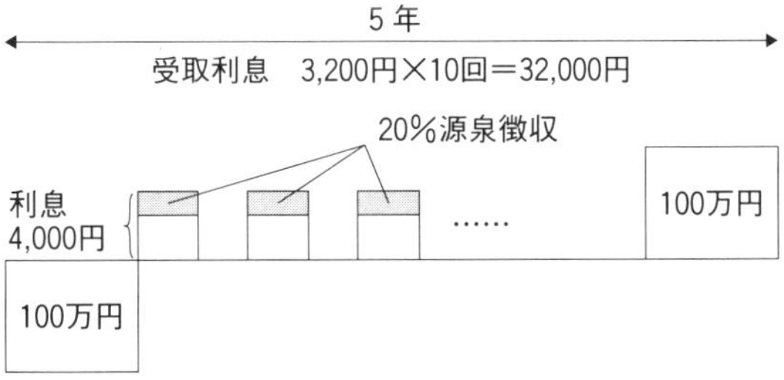

注意点は、中途換金の場合です。購入後２年経過すれば中途換金可能なのですが、その際に直近に受け取った４回分の利息を返金しなければならないというルールがあります。

仮に３年半経過したところで解約すると、４回分の受取利息12,800円を返金しなければなりませんので、結局５年間で6,400円しか増えないということになります。

【図表77　中途換金は直近の４回分の利息を返金】

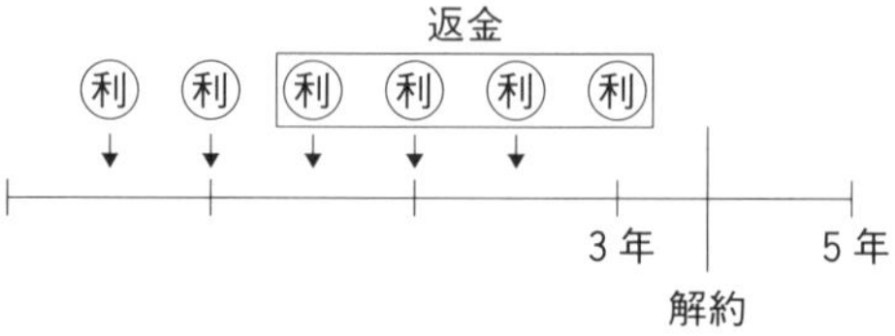

♥個人向け国債10年満期の活用

個人向け国債の10年満期は、半年に１回金利が見直しされる変動金利商品です。今後金利が上昇していけば、受け取る利息も増えていく商品です。金利が変動しますので、半年に１度受け取る利息も決まっておらず、予定が立てにくいというデメリットもあります。

【図表78　個人向け国債10年満期は変動金利】

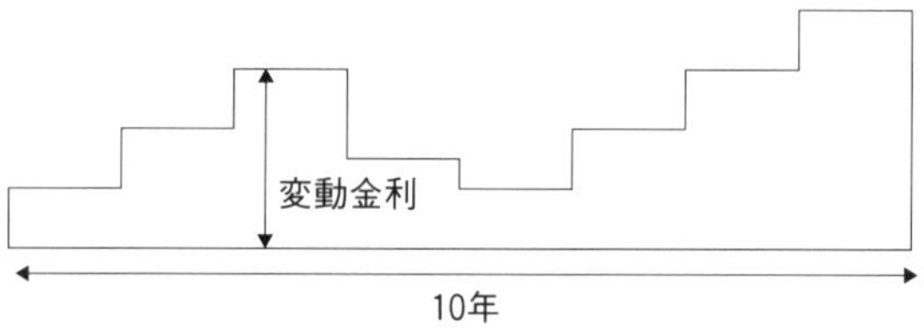

10年満期は、購入後１年経過すると中途換金が可能です。しかし、その場合、直近２回分の受取利息を返金することになりますので、購入後は長期保有することが前提です。

♥個人向け国債利用時の注意

個人向け国債の利息は、半年ごとに指定の口座に入金されます。そのため生活費の入出金の口座と別にするなど気をつけておかないと、満期に手元に残るのは元本だけとなりかねませんので注意します。

ここがポイント

♡個人向け国債は、中途解約時の取扱いに注意する必要があります。

Q30 積立商品のおすすめは

Answer Point

♡長期でお金を育てていく老後資金であれば、投資信託の積立もよい方法です。

♥積立ならリスクは少ない

投資は何もまとまったお金がなければできないわけではなく、運用のプロに実際の投資判断を委託して運用する投資信託であれば、１万円からの投資が可能です。また、この投資信託は、月々の積立もできます。

過去の経済の動きを検証すると、世界中のいろいろな商品に分散投資し、さらに長期で運用した場合、年平均リターンは５％程度であったといわれています。さらに長期で運用すると儲けが平均化されますので、大きな損失を受けることもないことがわかっています。つまり、老後資金のようにじっくりと腰を据えてお金を育てる場合は、投資商品で積立をするのも可能なのです。

♥時間を味方につける

積立に取り組む場合は、とくに時間を味方につけることが必要となります。例えば、月々３万円の積立をしたとしましょう。時間を積み重ねていくと、図表79のような成長を遂げることがわかります。

【図表79　月々３万円積立のときのお金の成長】

（単位：１万円　千円以下は四捨五入で表示）

金利／時間	５年	10年	15年	20年	25年
０％	180万円	360万円	540万円	720万円	900万円
１％	184万円	375万円	574万円	782万円	998万円
３％	192万円	408万円	654万円	933万円	1,253万円
５％	200万円	446万円	752万円	1,135万円	1,615万円

ここがポイント

♡プロの手を借りて１万円から積み立てる投資信託はおすすめです。

Q31 年代別老後資金の準備ポイントは

Answer Point

♡運用商品を利用しながら長期で取り組みます。

♥30代の老後資金の準備例は

30代のＥさんの場合老後資金の準備には、時間がたっぷりあることが何よりの強みです。

今あるお金の中で、老後資金のために回せるお金はまったくありませんが、少しずつ積立で準備していく予定です。

♥老後資金準備のためのアクションは

まず、老後資金づくりのゴールは、65歳としました。Ｅさんは、今後の転職の可能性や退職金が望めないことも考え、老後資金は公的年金の受給が始まるときまでに3,000万円準備することとしました。

今は子どもが小さく妻が働きに出られないため、老後資金の準備は子どもが小学校に上がる時期からスタートする予定です。

老後資金準備が始まるまでは、教育資金のための積立を優先させ家計をやりくりしながら頑張るつもりです。

利用する商品は、将来の受取額が決まっている年金保険と将来の価値は確定ではありませんが、大きく増やせる可能性のある投資信託の積立を同額の月３万円ずつ予定しています。また子どもが大学に入り、教育資金にめどがついたら会社の財形年金を利用しさらに月２万円の積立を増やす予定です。

【図表80　30歳代の老後資金の準備例】

夫　33歳
妻　31歳
子　３歳

Ａ銀行　普通預金　60万円
Ａ銀行　定期預金　100万円　金利0.3％　１年満期
Ｂ銀行　普通預金　75万円
今ある我が家のお金 合計 235万円

65歳まで安定した収入が得られるキャリアプラン
退職金は見込めない

分　類	用　途	目標額	今あるお金	不足額
すぐに使えるお金	生活費の３か月分	60万円	60万円	0円
10年以内に使うお金	教育資金	700万円	150万円	500万円
	住宅頭金	300万円	25万円	275万円
10年以上先に使うお金	老後資金	3,000万円	0円	3,000万円
万が一に備えるお金	死亡保障 医療保障	保険		

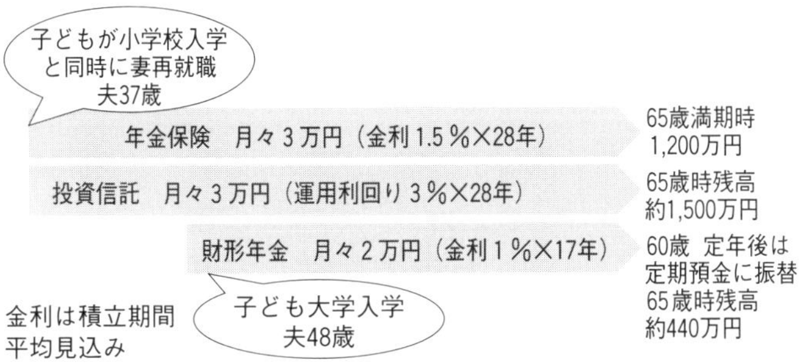

♥40代の老後資金の準備例は

40代のＦさんは60歳で今の会社を退職した後は、田舎に戻り両親の面倒をみながら暮らす予定です。

妻も会社員を続けていますので、公的年金である程度は生活費が賄えそうですが、将来の介護にも備え3,000万円を目標としました。ただし、そのうち800万円は退職金で手当が可能です。

♥老後資金準備のためのアクションは

今準備できている老後資金は200万円ですので、こちらは金利１％程度の定期預金を利用しながら確実に増やしていきます。また、末子が大学卒業後は財形年金を月２万円準備し、まず60歳から65歳の公的年金が始まるまでの間の生活資金として、手当をします。

年金保険としては、月々３万円の掛金で65歳満期に加入しました。65歳からの10年間毎年81.5万円の受取りができます。また、末子が大学卒業を待って、月々８万円を投資性のある商品で運用することも考えています。この資金は生活資金とするより、将来どちらか一方が先に亡くなり１人になったときにそのお金を利用し、ケア付老人ホームに入るなどの選択肢を残しておくための費用です。

【図表81　40歳代の老後資金の準備例】

夫　45歳
妻　42歳
子　15歳　子　12歳

A銀行　普通預金	160万円
A銀行　定期預金	100万円　金利0.3％　1年満期
B銀行　普通預金	25万円
C銀行　普通預金	75万円
C銀行　定期預金	200万円　金利0.35％　1年満期
今ある我が家のお金 合計 560万円	

60歳定年後は引退。退職金見込みは800万円

分　類	用　途	目標額	今あるお金	不足額
すぐに使えるお金	生活費の3か月分	60万円	60万円	0円
10年以内に使うお金	教育資金	600万円	300万円	300万円
10年以上先に使うお金	老後資金	3,000万円	200万円	2,800万円 うち退職金800万円
万が一に備えるお金	死亡保障 医療保障	保険		

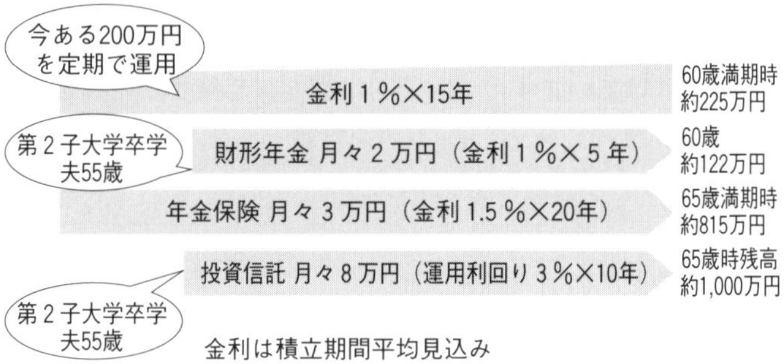

金利は積立期間平均見込み

ここがポイント

♡使いみちに応じて金融商品を決めることにより、計画が実行しやすくなります。

6　万が一に備える術は

病気やけがや家計の担い手である家族の死による経済的損失をカバーするのが保険です。保険は少ない金額の負担で万が一のときに大きな保障が得られる助合いの制度です。

Q32 保険ってあるのはなんのため

Answer Point

♡保険とは、死亡、病気・けがなどで被る経済的損失に備えるための制度です。

♥保険料の決まり方は

生命保険の保険料は、図表82のとおり、予定死亡率・予定利率・予定事業費率の３つの係数を用いて算出されます。

【図表82　保険料の構成】

- 保険料
  - 予定死亡率：年齢、性別ごとの死亡確率
  - 予定利率：保険金支払のため保険会社が予定した運用利回り
  - 予定事業比率：保険会社の事業経費

♥保険の目的は貯金とは違う

バブルの頃は、利回り５％～６％程度だったので、保険は「お得な金融商品」でした。しかし、時代は変わり現在の保険会社の利回りは、１～1.5％程度。一部の保険商品を除き、予定利率は契約期間中原則として変わりませんし、保険期間は通常10年、20年ととても長いですから、保険はお金を増やす金融商品とは区別して考えるべきです。

♥保険を選ぶコツは

保険を選ぶときは、必要な保障をいかに上手に購入するかが大切です。万が一のときにいくらもらえるか、を中心に考えてしまうと判断を誤ってしまいます。必要なものを安く買う、普段のお買物と同じです。

ここがポイント

♡保険は、万が一に必要な備えとして買うものです。
♡貯金は三角、保険は四角（Q11参照）、それぞれ目的に合わせて使い分けましょう。

Q33 パパに必要な保険ってどれ

Answer Point

♡一家の大黒柱であるパパには、死亡保障が必要です。
♡特に子どもの小さい若いパパには大きな保障が必要です。

♥働き盛りのパパには死亡保障を最優先に

一家の大黒柱が亡くなると、国から遺族保障が給付されます。特に小さい子どものいる家庭、パパが会社員だった場合は、手厚い保障があります。

保険は、それらの公的な保障でもなお足りない部分を補うためにかけます。

【図表83　遺族補償】

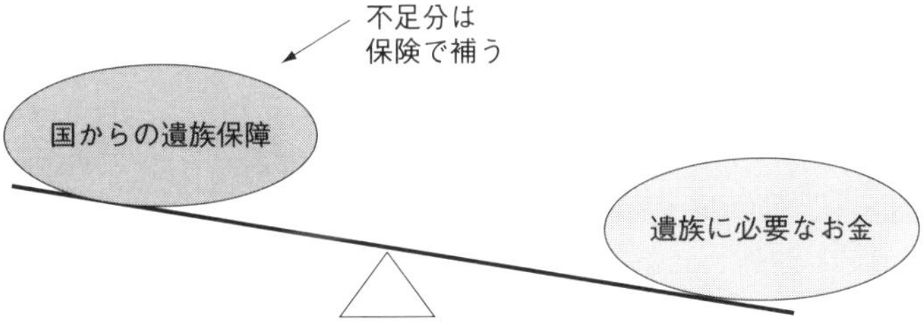

♥遺族の収入の基本は公的保障

パパが亡くなると、妻・子どもに対して遺族基礎年金が支給されます。

ここでいう子どもとは、18歳の３月まで、つまり高校を卒業するまでの子どもです。対象となる子どもが複数いれば、支給される金額が加算されます。

【図表84　国から支給される遺族基礎年金】

支給対象	18歳未満の子どもあるいは18歳未満の子どもがいる妻
子どもが１人	年間約100万円
子どもが２人	年間約120万円（２人分）
子どもが３人以上	１人増えるごとに年間約８万円加算

【図表85　遺族基礎年金】

♥会社員の妻に対しては遺族厚生年金が一生涯支給される

パパが会社員であれば、妻に対して遺族厚生年金が、一生涯支給されます。これはパパが元気で歳をとったときにもらえるはずだった老齢厚生年金の４分の３の金額です。

この遺族厚生年金は、子どものいない20代の妻に対しては、一生涯ではなく、夫死亡から５年間のみの限定支給です。また、夫が会社員ではなく、自営業者の場合、遺族厚生年金はありません。

ただし、夫が死亡したときに年金制度に25年以上加入していた場合、過去に会社員の経験があれば、その会社員期間に対応する老齢厚生年金の４分の３を遺族厚生年金として妻がもらうことができます。

遺族基礎年金を受給していた会社員の妻は、すべての子どもが18歳以上になり、遺族基礎年金の対象から外れると、中高齢寡婦加算が年間約60万円、妻自身の老齢基礎年金受給開始までの間支払われます。

そして妻自身が65歳になった時点で、妻が自分自身の老齢年金を受け取ることになります。

【図表86　遺族厚生年金の受給】

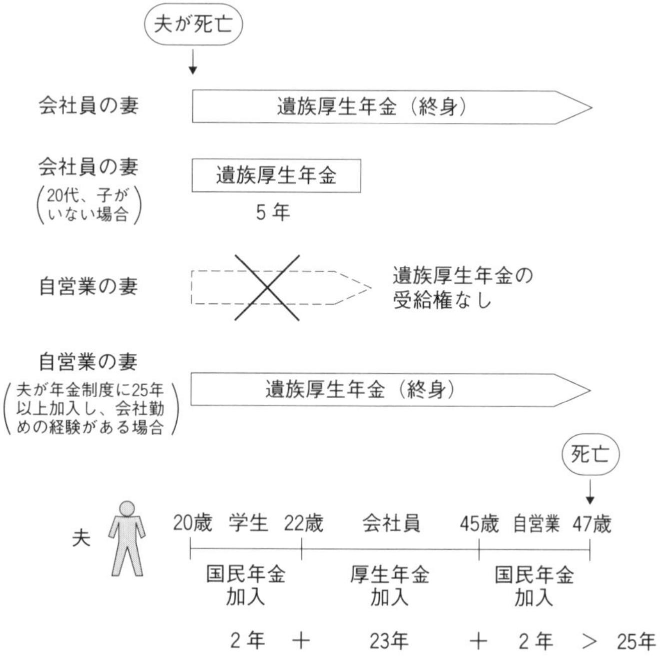

注：わかりやすくするため制度を簡略化して説明しています。個別のケースによって受給額が変わります。

国の遺族保障のほかに貯金や妻自身の収入を加味して、万が一のときの遺族の収支を試算します。

【図表87　遺族保障の試算額】

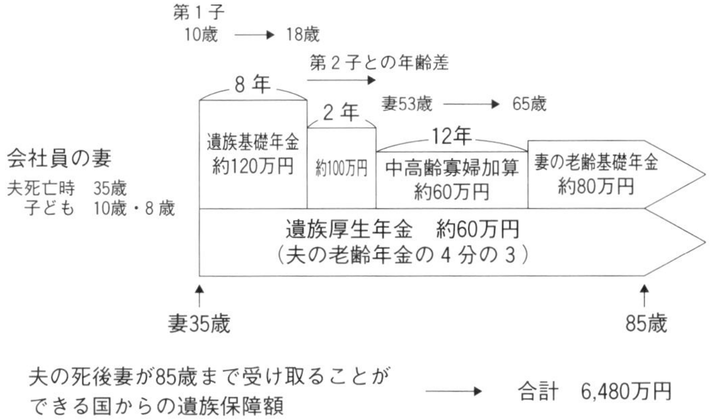

注：金額は、あくまで目安です。個々のケースは、専門家にご相談ください。

♥遺族の支出を試算する

遺族の支出で一番大きいものは、配偶者と子どもの生活費です。配偶者の生活費は今の生活費の50%として試算し、子どもの生活費は今の生活費の20%として子どもが独立するまでの年数で見積もります。通常は22歳くらいまでと考えます。

次に子どもの教育費を考えます。この費用はQ12を参考に見積もります。

住居費については、パパ名義で住宅ローンを借りている場合は、団体信用生命保険をつけていることが多いので、パパに万が一のことがあればローンはその保険でもって完済されます。したがって遺族がパパの死後もローンを負担する心配はありません。

もし賃貸の場合は、配偶者が実家にもどるという選択肢がなければ、一生分の家賃に相当する金額を見積もらなければなりません。

その他、お葬式代や、家のリフォーム費用などを見積もります。

♥遺族の収支が必要保障額

見積りが出たところで、出ていくお金と入ってくるお金を差し引きし、出ていくお金が大きければその金額が今必要な万が一の備えとなります。

最近では、インターネットで必要保障額を試算するサービスや保険診断サービスなどがありますので、利用してみるのもよいでしょう。

【図表88　遺族の支出と収入】

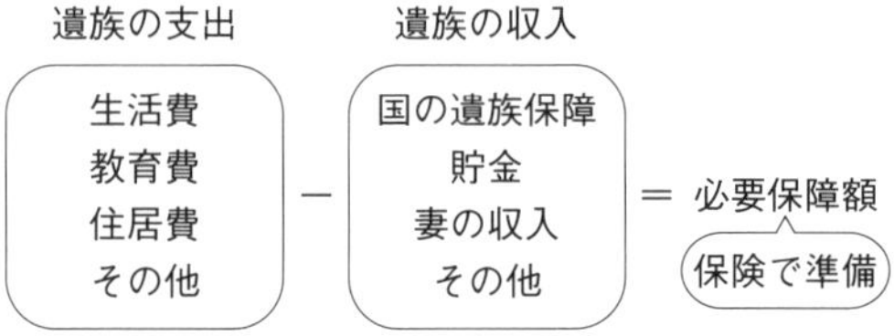

今必要な万が一の備えの金額のことを、「必要保障額」といいますが、この額は子どもの成長とともに減額されていくのが一般的です。

ですから保険は、子どもの独立、パパの転職・定年、住宅購入などのタイミングで見直しする必要があります。

【図表89　必要保障のイメージ】

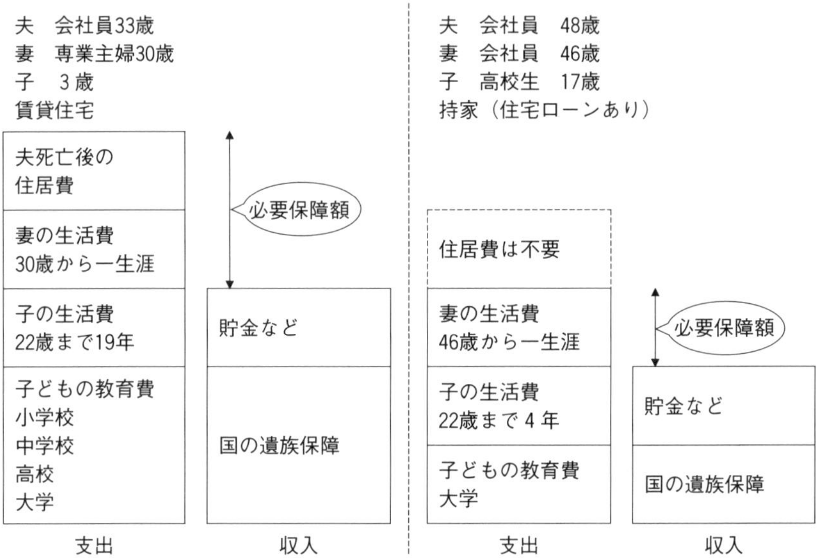

ここがポイント

♡必要な保障額は、万が一のときに入ってくるお金と出ていくお金を見積り、その差額を算出します。

Q34 ママに必要な保険ってどれ

Answer Point

♡子どもが小さい、住宅ローンの負担があるなどの場合は、ママにも死亡保障が必要です。

♥ママが亡くなったら困る金額を試算する

ママが亡くなると、家計はどのくらいマイナスになるのでしょうか？　ママが亡くなった後、パパがそれまでどおり仕事が続けられるかどうかわかりませんし、子どもを預けたり家事を誰かにお願いしたりする費用がかさんでしまうことも考えられます。

万が一パパが亡くなれば、遺族年金が支給されたり、住宅ローンも、団体信用生命保険で相殺されるなどママと子どもも経済的支援を継続して受けることができます。

しかし、ママが亡くなってパパが受け取ることができる国からの遺族年金は、ほとんどありませんし、ママが亡くなってもパパは住宅ローンを背負ったままです。

【図表90　ママ死亡後も遺族年金なく、住宅ローンもそのまま】

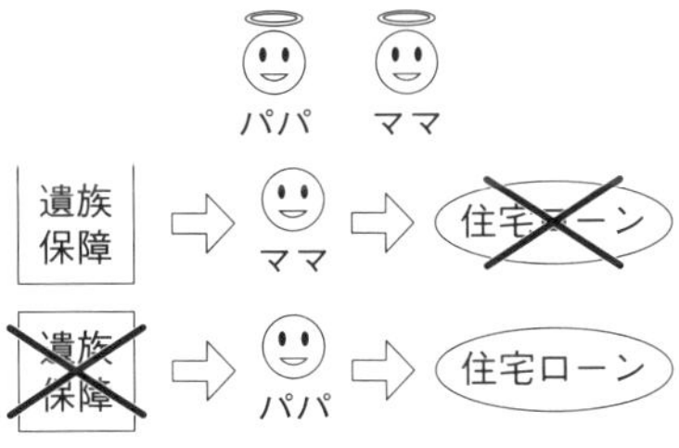

このため、ママもある程度の死亡保障は必要です。特に子どもがまだ小さい、住宅ローンの負担が大きい家庭では、その費用分をママの死亡保障として保険で準備するほうが安心です。

ママの収入が家計を支えている割合が大きい場合は、パパの必要保障額を算出した手順で考えていきます。

ここがポイント

♡場合によっては、ママにも死亡保障が必要です。

Q35 子どもに必要なのはどんな保険

Answer Point

♡子どもの場合は、死亡時に備えるというより、けがや病気に備えます。

♥自治体の医療費制度も確認

子どもにもし万が一のことが起こっても、経済的に困窮することはありません。ですから、あえて子どもに死亡保険をかける必要はないと思います。

その反面、病気やけがで病院にお世話になることは大人に比べると多いのでむしろ後者に備える必要があります。

自治体によっては小学校卒業まで医療費はほとんど自己負担がない自治体もあります。もしそうであれば、特別自分で費用を払って民間の保険に入る必要もありません。

♥共済も有利

例えば、子ども向けの保障なら、共済も選択肢です。共済のキッズタイプであれば、けがの場合、入院に関係なく通院時の給付が受けられます。

また、わんぱく盛りでよその家の物を壊すかも…と心配な場合も、損害賠償保険が100円程度の追加保険料でカバーされるので安心です。

【図表91　キッズタイプ共済も選択肢】

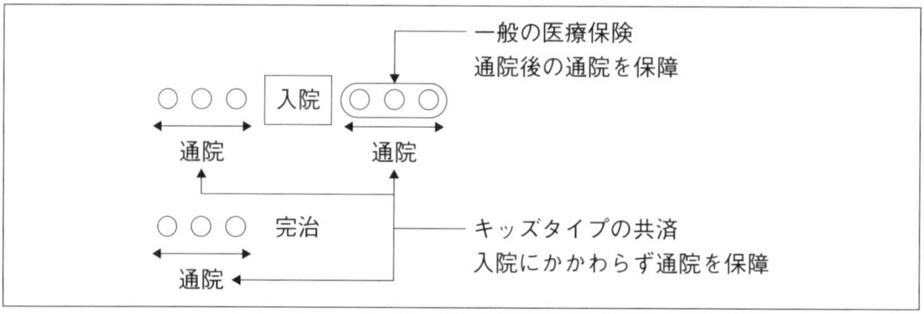

ここがポイント

♡子どもの保険を考える場合は、まず自治体をチェックしましょう。
♡子どもの場合、共済も選択肢です。

Q36 病気に備える保険ってなに

Answer Point

♡健康保険と貯金でも足りない部分を医療保険で補います。

♥健康保険で自己負担はかなり軽減

日本の健康保険制度では、病気やけがの治療で窓口に支払うお金は実際にかかった医療費の３割です。

しかも、この自己負担の額には、月約８万円という上限が決められていて、それ以上費用がかかった場合は、健康保険から払戻しが受けられることになっています（高額療養費制度）。

【図表92　自己負担限度額の算出方法（70歳未満の一般所得者の場合）】

80,100円＋（医療費－267,000円）×１％＝自己負担上限額

【図表93　健康保険の自己負担と払戻し設例】

・入院・手術でかかった医療費40万円
・窓口での支払い　12万円（40万円の３割）
・高額療養費（自己負担上限額）　81,430円
　→払い戻される金額　38,570円

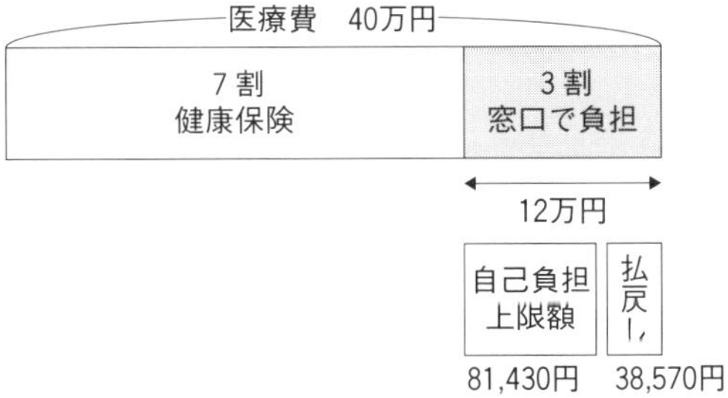

この高額療養費も長期の入院になると、さらに自己負担上限額が引き下げられますし、会社員であれば病気やけがで会社を休み給与がカットされても健康保険から給与の約３分の２が支給される傷病手当金制度がありますので、病気をしたからといっていきなり生活が立ち行かなくなるわけではありません。

♥健康保険が使えない費用

しかし、実際には、健康保険が使えない費用もいくつかあります。

例えば、差額ベッド代です。これは個室、２人部屋、４人部屋など特に希望してよりプライバシーが守られた部屋に入院する場合、すべて実費で支払います。

厚生労働省の調べでは、１日あたり5,000円程度が平均の差額ベッド代だそうです。

その他、健康保険がきかないものに、高度先進医療という特にがんの治療に用いられる治療法があります。こちらも全額自費で負担します。

高度先進医療の中には300万円以上もの費用がかかるものもあり、お金の心配をせずに治療に専念するためにも保険を検討する余地があります。

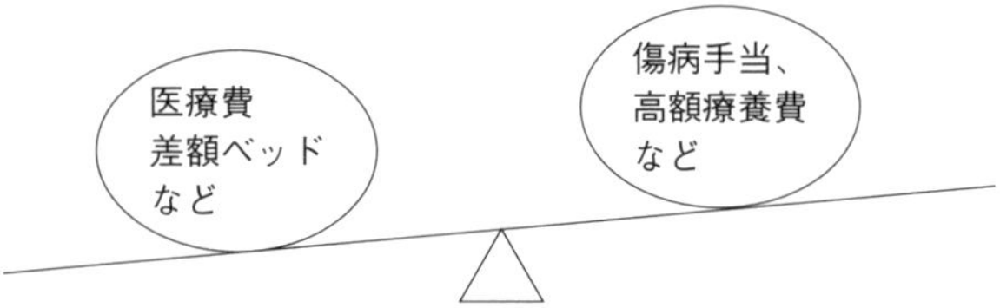

♥保険の給付は無限ではない

民間の医療保険も給付内容は無限ではありません。例えば、入院から退院までの期間を一入院といいますが、仮に同じ病気で再入院した場合、先の退院から再入院までの日数が180日以上あかなければ、連続した続きの入院とみなされます。保険商品によって、一入院で保障する日数が異なりますので、確認してください。

【図表94　一入院とは】

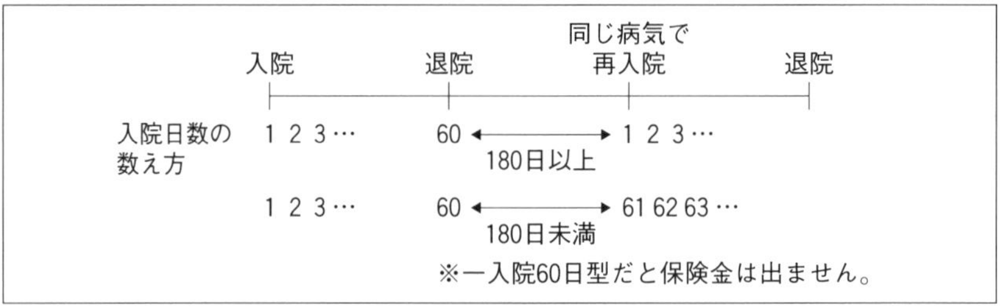

♥年々罹患率が高まっているがんは

年々罹患率が高まっているがんは、入退院を繰り返す傾向が強いため、一入院の日数保障の長い入院保険に加入するか、医療保険に加入した後別途入院日数無制限で給付が受けられるがん保険への加入などの検討が必要です。

【図表95　がん保険の検討】

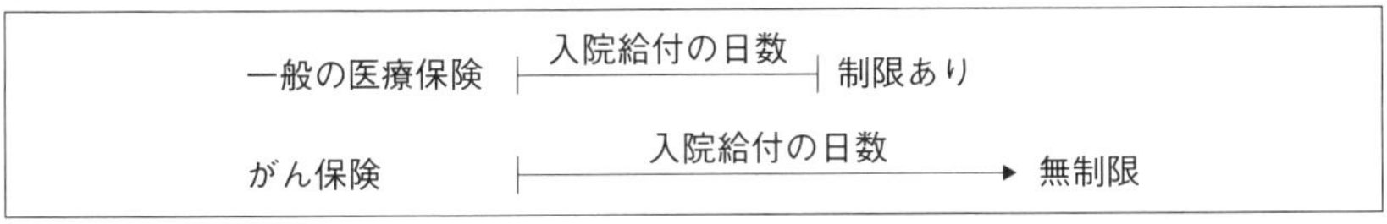

その他、がん保険は、契約日より90日間免責期間が設けられているという特徴があります。通常、保険は、保険契約の申込みと医師の診査（あるいは告知）、第１回目の保険料払込みの３つが終了したときを保険の責任開始日と呼びますが、がん保険では責任開始日を含め90日が経過した日の翌日を責任開始日と定め、この90日間を免責期間としています。

【図表96　がん保険のしくみ】

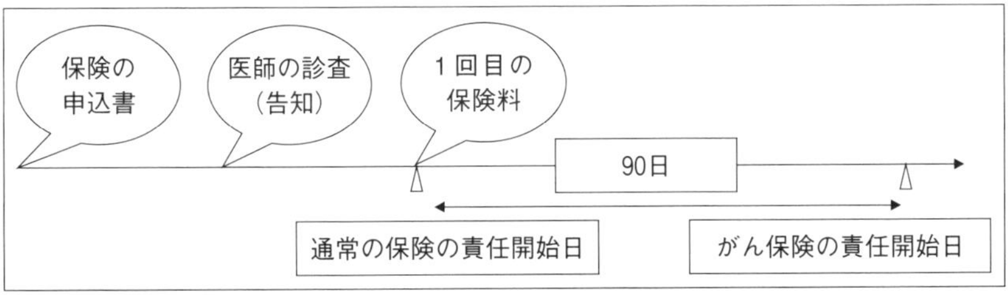

がん保険には診断給付金があるのも特徴です。診断給付金とは医師よりがんと診断されたときに一時金で支払われるもので、保険会社により支給回数が異なります。

また、先進医療給付があるがん保険もあります。先進医療とは、健康保険が適用にならず全額自己負担しなければならない治療のことです。例えば、粒子線療法と呼ばれるがんの治療費は、300万円程度にもなり、これは全額自己負担です。

この費用を心配することなく、万が一のときは治療に専念したいと考える人は、がん保険を検討するとよいでしょう。

最近のがん治療の特徴は、入院せずに抗がん剤治療を通院で受けることができる点です。これを受け、一般のがん保険ではカバーされない通院治療をカバーする保険も出てきています。

保険の最新情報をもとに専門家のアドバイスを受けながら保険選びをするとよいでしょう。

ここがポイント

♡医療保険を考える場合は、まず国の健康保険制度を確認しましょう。
♡病気全般の医療保険にがん保険をプラスすると安心です。

Q37 住宅を守る保険ってなに

Answer Point

♡住宅を火災から守る保険が火災保険です。

♡火災保険は、地震による火事の被害は保障されないため、必要な場合は地震保険も合わせて加入します。

♥自分の家は自分で守る

日本は木造住宅が多く、また住宅同士が密集している関係で火災が多いといわれています。そのような背景も影響し、日本には「失火責任法」という制度があり、重過失（故意に近い著しく注意を欠いた状態、寝たばこや揚げ物の鍋を火にかけっぱなしにして台所を離れたなど）以外は失火の責任を問わない、つまりもらい火で我が家が全焼してもどこからも補償はおりないということになっています。

そのため「我が家は自分で守る」必要があるのです。万が一火事で住宅が燃えてしまっても、住宅ローンは残ります。加えて家を建て直そうとするとさらに借金を増やさなければならなくなってしまいます。

このようなときの備えが火災保険です。火災保険は、建物と家財別々に保険をかける必要があります。また、賃貸住宅に住んでいる場合も、家財に保険をかけたほうが安心です。

♥家を建て直すためには再調達価額で保険をかける

火災保険の保険金額は適切な額でかけなければ、万が一のときに役に立ちません。火災保険に加入していれば、万が一火事で家が全焼しても家の建て直しができる、と思っていると大間違いです。

保険をかける基礎となる「家の値段」には、「時価」と「再調達価額」の２種類があります。時価とは、現在の家の価値のことです。当然新築の家と中古の家では価値が違います。年々、価値が下がっていきます。

一方、再調達価額とは、これまで住んでいた家と同等の住宅を建てるために必要なお金です。

つまり、家が全焼してもう一度家を建てたいと思えば、「再調達価額」で保険金額を設定しなければならないのです。

古い家だからといって「時価」で保険金を設定してむやみに保険料を安くしていると、家が全焼しても「時価」分しか保険金はおりません。これでは万が一の火災に備える意味では不完全です。

また、火災保険は、損失の状況に応じて保険金が支払われますから、契約内容を今一度確かめておきましょう。

【図表97　火災保険は再調達価額でかける】

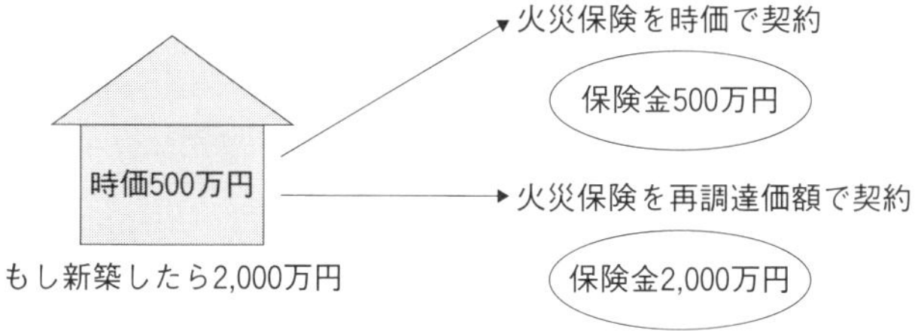

♥家の状況に合わせて補償内容を選ぶ

火災保険は、火災、落雷、雪災などで保険金がおります。また商品によっては、水害による被害も補償する保険もありますが、これは高台に住まいがある、マンションの10Fなどという場合は、あまり必要性は高くありません。その場合は、水害による補償がない保険を選ぶと保険料が安くなります。

また、最近は、ホームセキュリティをつけていると保険料が割引になる火災保険もあります。このように我が家にはどんな保険が必要なのかを考えたうえでの保険選びがやはり大切なのです。

また、地震に対する備えは、プラスαで考えなければなりません。地震による火災は、火災保険ではおりないからです。地震保険は、また独特のルールをもとに設定されていますので、こちらも確認の上加入を検討します。

なお、地震保険の保険料は、所得控除の対象です（詳しくはQ38で解説）。

【図表98　地震保険の加入も検討する】

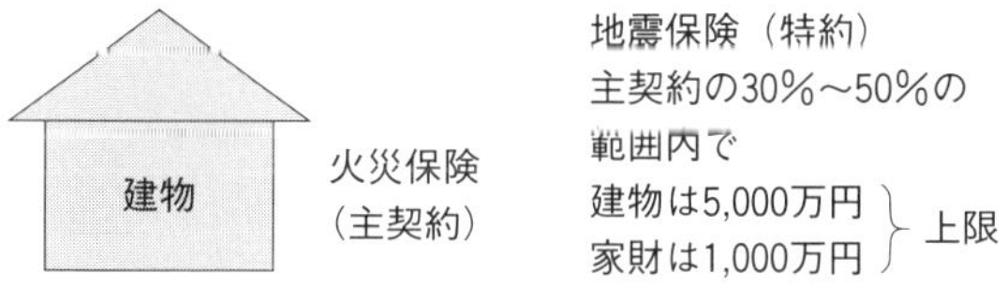

ここがポイント

♡火災・地震に備えるためには、保険が必要です。

Q38 保険で節税ができるってホント

Answer Point

♡民間の保険は国の社会保障制度を補完する意味合いがあるため、支払った保険料の額に応じて所得税控除の対象となります。

♡また、死亡保障には、相続税対策として有効な側面もあります。

♥保険で税金が節約できる

保険に加入している方なら、毎年秋になると保険会社からハガキが送られてくることをご存じでしょう。このハガキには１年間に負担した保険料の合計が書いてあり、この額に応じて税金の支払額を減らせる「控除」の額が決められています。

【図表99　保険料控除】

〈一般の生命保険料・個人年金保険料の控除〉

支払った保険料合計	控　除　額
25,000円以下	支払額全額
25,001円～50,000円	支払額全額×２分の１＋12,500円
50,001円～100,000円	支払額全額×４分の１＋25,000円
100,000円超	50,000円

〈地震保険料控除〉

	支払った保険料合計	控　除　額
地震保険料	50,000円以下	全額
	50,000円超	50,000円

【図表100　保険料控除】

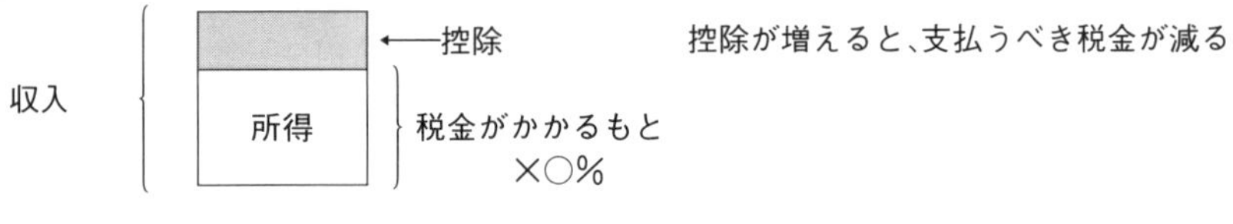

例えば、年収500万円の会社員の夫と専業主婦の妻、小学生２人の子どもがいる家族でしたら、生命保険料年間10万円超、地震保険料年間５万円超を支払った場合、税金は5,000円戻ってきます。

生命保険料控除：年間の支払保険料合計10万円の場合→控除額５万円
地震保険料控除：年間の支払保険料合計５万円の場合→控除額５万円

保険料控除を使う前の所得税額→６万7,000円
保険料控除を利用後の所得税額→６万2,000円　　得する所得税→5,000円

わかりやすくするため制度を簡略化して説明しています。個別のケースによって節税額が変わります。

♥医療費がかさんだときは確定申告で税金を取り戻す

１年間の医療費が10万円を超えた場合は、医療費控除を確定申告すると税金が戻ってきます。対象となる医療費には、薬局で買った風邪薬や頭痛薬などの領収書や、遠方で公共の交通機関を使って通院した際の交通費も含まれます。

子どもの通院に付き添った場合は、大人の交通費も認められます。

【図表101　医療費控除を受ける】

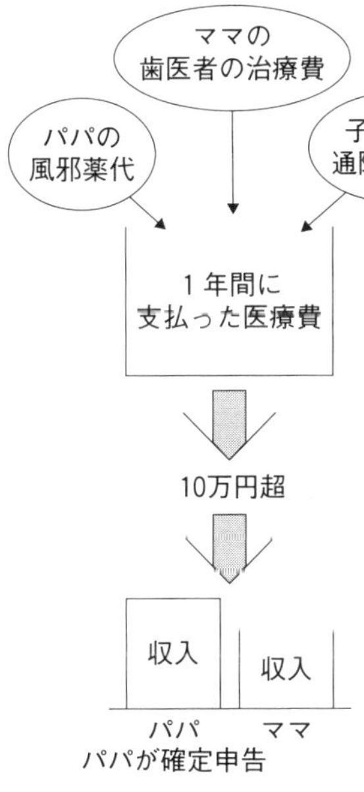

医療費控除は、家族全員分の医療費を家族の中で最も収入が多かった人が代表して申請することができます。収入が多い人は支払う税金も多く、したがって戻ってくる税金も大きくなるからです。

♥年金保険は契約のしかたによっては贈与税の対象となることも

保険は節税対策としても有効な側面がある一方、契約のしかたによっては課税されることもあります。

例えば、年金保険を契約者：夫、被保険者：妻、受取人：妻としたケースです。妻が専業主婦で収入がないから、夫が妻のために契約し保険料を負担した場合、いざ年金を受け取る際に妻に対して贈与税が課税されるのです。

保険料を負担した夫が健在であるのに、妻が利益のみを受けるのは贈与に相当するという判断です。

このような場合は、契約者を妻とし、贈与税の非課税枠である年間110万円までを保険料として夫から妻に渡しておくなど対策を検討します。

【図表102　年金保険契約で贈与税がかかるケース】

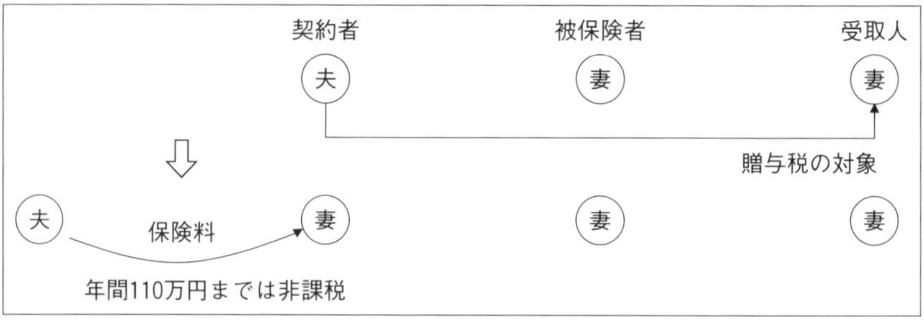

♥生命保険で相続税を節税できる

例えば、夫婦に子ども２人という家庭で夫が亡くなったとします。この場合、法定相続人は配偶者と子ども２人の合計３人となります。法定相続人が３人だと相続税の基礎控除（税金がかからない財産）8,000万円が認められていますから、単純にいえば夫の残した財産が8,000万円未満であれば、相続税は支払う必要がありません。

もし、この夫の財産が土地や預金など合わせ１億円あったとします。この場合、基礎控除の金額より財産のほうが多いので、税金の対象となる財産は2,000万円です。比較しやすいように単純に計算しますが、この場合、遺族が支払わなければならない相続税は200万円です。

♥夫の財産が一部保険金であったときは

一方、夫の財産が一部保険金であったら、どうでしょうか。

財産の内訳としては、土地や預金が8,000万円、生命保険金が2,000万円とします。

保険金には、相続税の非課税枠のほかに、別枠で非課税枠が認められています。

法定相続人３人というこのケースの場合、500万円×３＝1,500万円が保険金2,000万円から控除され、残り500万円のみが課税対象となり、相続税額は50万円となります。つまり、財産の一部を保険という形に変えることで、支払うべき相続税を減らすことができるのです。

【図表103　生命保険による相続税の節税】

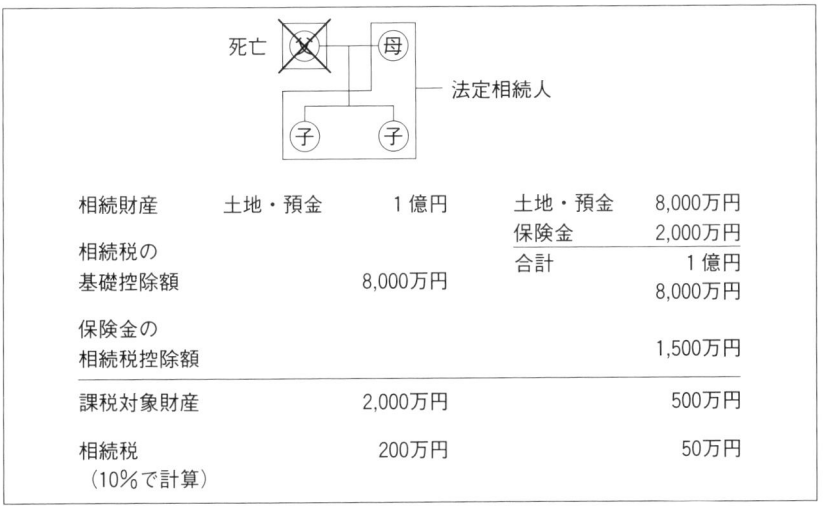

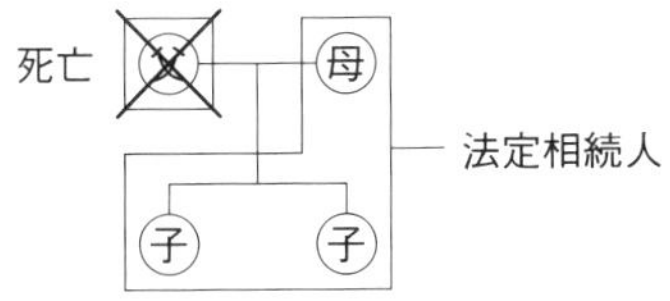

相続財産	土地・預金	1億円	土地・預金	8,000万円
			保険金	2,000万円
			合計	1億円
相続税の基礎控除額		8,000万円		8,000万円
保険金の相続税控除額				1,500万円
課税対象財産		2,000万円		500万円
相続税（10%で計算）		200万円		50万円

注：わかりやすくするため制度を簡略化して説明しています。個別のケースによって税額が変わります。

相続に関しては、実際に相続税を負担しなければならない資産家はそれほどおられないようです。しかし、相続財産が土地や建物といった分けにくいものであると、相続ではなく争族（遺産分割をめぐり親族がもめること）に発展する可能性が大きいといわれています。

その点、生命保険の保険金は、受取人を指定することができますので、相続をスムーズに行うために活用することができます。

いずれにしろ、相続対策はいろんなことを総合的に判断していかなければなりませんので、気になる方は一度専門家にご相談されることをおすすめします。

ここがポイント

♡生命保険料・地震保険料は、所得税控除の対象になります。
♡死亡保険は、相続対策としても活用できます。

Q39 ケース別保険選びのポイントは

Answer Point

♡保険は、家庭の状況に合わせて過不足なくかけるのが基本です。

♥子どもがまだいない共働きの夫婦なら

死亡保障よりもむしろ病気やけがでの収入減に備えるために医療保障を準備したほうが賢明です。

♥子どもが生まれたてのお父さんなら

安い保険料で手厚い保障を確保するために掛捨ての保険がよいでしょう。

保険金の受取方も一時金で数千万という大きな金額を受け取るより、給与のように毎月数十万円といった公的年金では足りない部分を保険金で受け取るタイプがわかりやすいでしょう。この年代では、住宅購入時が再度保険の見直し時期となります。

♥教育費負担が大きく保険料が重荷のときは

まず保障額が大きすぎないかを検討します。子どもが成長したのに必要以上の保障がついている場合は、保険金額を引き下げ、保険料を減額します。

また、大きな保障を終身でかけている場合は、保険料払済みにできます。保険料払済みとは、その時点での解約返戻金で保障を買い取る制度です。保障期間はそのままで保障額を減額することが可能です。また、延長といって保障額をそのままにして保険期間を短縮する方法もあります。

♥子どもが独立した夫婦には

死亡保障より医療保障重視に切り替えます。死亡保障をやめて浮いた保険料でより手厚い医療保障にすることもできます。

ここがポイント

♡保険は、適時見直しをして無駄を省きます。

7 家計力をアップして積立額を増やす術は

積立計画は立てたけれどなかなかうまく実行できない……そんな場合は家計を見直してみましょう。積立を継続する、積立をアップして目標を早く達成するためにも、大切なことはお金の管理、家計力です。

Q40 家計簿はつけたほうがいいってなぜ

Answer Point

♡三大資金準備のための積立を成功させるためにも、我が家の収支を把握する家計簿は必要です。

♥家計簿は我が家の将来を左右する

家計簿は書店での隠れたベストセラーと呼ばれるほど、毎年よく売れる商品だそうです。家計を預かる主婦なら１度や２度は書店で手にとり、あるいは実際に購入した方も多いのではないでしょうか。

家計簿をつけると、家計の収支がわかります。１か月にいくらお金が入って、いくら使って、いくら貯金ができているのかを把握することができます。毎月の貯金額が把握できれば、我が家の積立が計画どおり進んでいるのかどうかを適宜確認することができます。積立が着実に実行できれば、我が家の将来は安心！　となり、不安から開放されます。

♥家計の収支がわかると、お金との付合い方が上手くなる

家計簿は毎日のお金の出入りを細かい項目に分けて記入することが大事なのではありません。むしろ細かいところに神経を集中するより、大きな視点でお金の流れをとらえることが狙いです。収支を把握した後は、分析をします。

家計にとっては、まず三大資金をきちんと計画どおりに準備することが大きな目標ですから、積立が計画どおりに行えているのかどうかをチェックするのです。もし計画が進んでいなければ、原因を分析し対策を立てなければなりません。

このように家計簿で家計の分析ができるようになると、お金との付合い方が上手になってきます。お金と上手に付き合えるようになると、お財布に余裕が生まれ、夢をかなえるためにお金を使えるようになります。

ここがポイント

♡家計の収支を把握し、積立プランをきちんと実行することです。そのために家計簿は大切です。

Q41 忙しくても続けられる家計管理は

Answer Point

♡家計簿は、月に１回家計の収支を把握すれば十分です。

♥家計簿は月に１回

家計簿は、細かくつけようと思うとそれだけでストレスになりますので、まずはお金の流れに注目し、家計の収支を把握することに集中します。例えば、光熱費などは口座からの自動振替、通販などの支払いは振込み、食料品はカード、子どものおけいこ事のお月謝は現金…と、家計から出ていくお金の形はほぼ４種類に限定されます。

【図表104　家計の流れを確認】

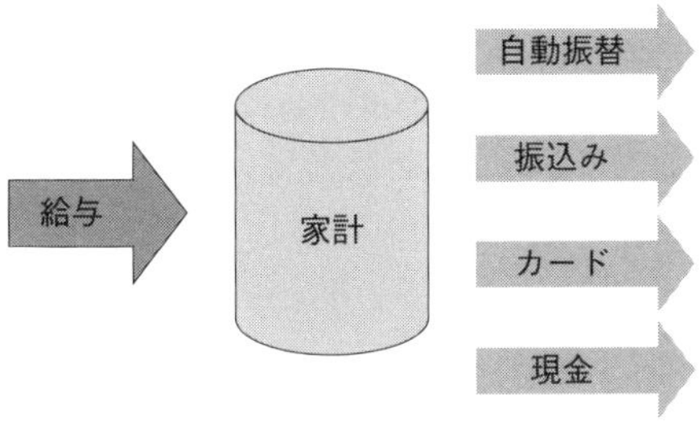

口座からの自動振替の出金は、銀行の預金通帳を見ればすぐにわかります。振込みは、振込用紙を保管しておけばいいし、通帳に振込先などをメモしても OK です。カードは、月に１回届く明細書が家計簿です。カードは、使った日で管理をすると面倒なので、引落しの月で管理をします。

♥レシートは箱で管理する

銀行口座から自動振替えになる支払い、水道光熱費や通信費などは、銀行通帳を見ながら月に１回家計簿に金額を転記します。こちらについては、レシートがたまって困るということはありません。

月に何度か振込みを利用する場合は、控が残ります。これは捨てずに家計簿へ記入しなければなりません。ですから、振込控は専用の小さい箱を用意して１か月保管し家計簿への記入が終われば破棄します。

カードのレシートは捨てられません。カード会社からカード支払明細書が届くまで、こちらも保管が必要です。できればカードレシート用の小さな箱があると便利です。とりあえずカードを使ったらレシートを箱に保管していきます。そしてカード支払明細書が届いたら、明細に間違いがないか、金額と支払先を確認し、問題がなければシュレッダーにかけて破棄します。

♥現金は封筒で管理する

現金で支払ったものは、レシートがなかったりしますので、管理が煩雑になりやすいです。そのため現金については、月に１回お財布ごと精算するのが上手にお金を管理するコツです。

まず、家計簿の計算の月の初め（家計簿は必ず１日からスタートする必要はありません。給与日スタートでも OK です）に銀行に行って１か月に現金で使う金額を概算でいいのでおろしてきます。なお、お金のうち使う分だけは財布に移し、残りは封筒に入れておきます。月の途中でお金が足りなくなったら、月初におろしておいたお金を封筒から取り出し、お財布に補給します。このとき封筒の表に「○月○日　△万円」と記入しておきます。

月末になったら、封筒の残りとお財布の残りを確認します。もし月初に５万円おろしておいて、月末のお財布の残高が3,200円なら１か月に現金として使ったお金が46,800円ということがわかります。

次にこの使った46,800円に該当するすべてのレシートがあるかどうか確認します。単純にレシートを合計していけばいいことです。

でも、あまり神経質になる必要はありません。まずは１か月にいくら使っているのか、収支を把握するのが目的ですから、わからない分は使途不明金としておけばよいのです。

【図表106　現金は封筒に入れて管理】

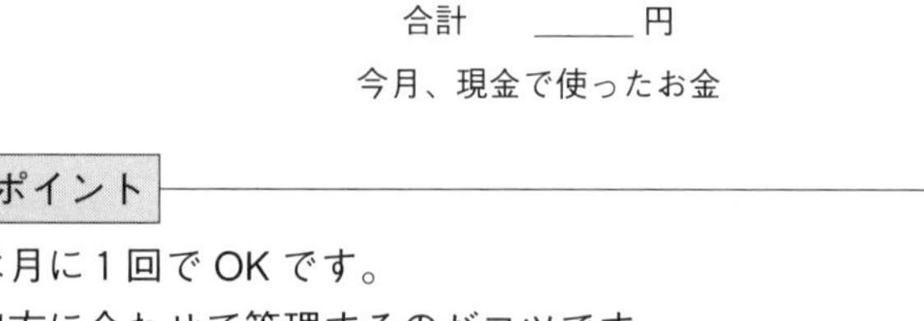

ここがポイント

♡家計簿は月に１回で OK です。
♡お金の出方に合わせて管理するのがコツです。

Q42 積立を成功させるコツは

Answer Point

♡積立が確実に実行できているか、年に１回我が家のお金の棚卸をしてチェックします。

♥ほったらかしはNG

お金を育てる際に、絶対やってはいけないことは、ほったらかしです。子どもの成長を見守るように、積立の進捗をチェックしましょう。年に１回の資産の棚卸で、計画倒れを防ぐことができます。

何事もPLAN（計画）・DO（実行）・CHECK（見直し）が大切です。

【図表105　進捗をお金の４分法でチェック】

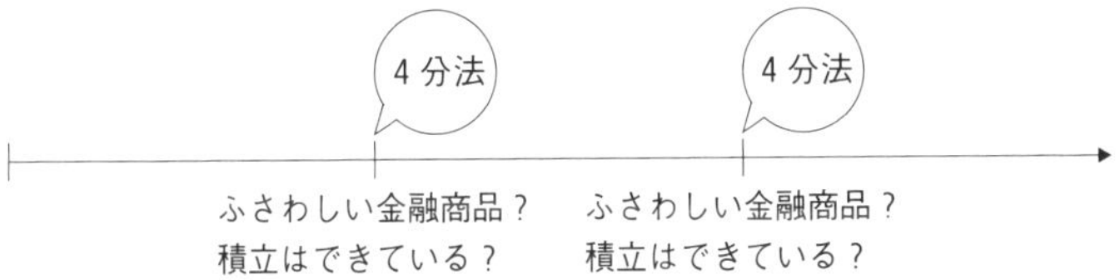

♥月に１回通帳の残高チェックを

家計簿をつける際に毎月通帳はチェックしなければなりませんから、そのときに通帳の残高をメモしてみるのもお金を貯めるよい方法です。

例えば、毎月１回、給与日の前の預金残高を定点チェックするのです。この残高確認日は、毎月決まった日でなければ意味がありません。給与後の残高だと気持ちが大きくなりすぎていけませんから、やはり給与日前の一番お金がないときの残高を記録するほうがおすすめです。

メモした残高を折れ線グラフに記録すると、我が家の資産が増えているのか減っているのかが一目瞭然となり、積立を成功させる励みにもなります。

♥家族ぐるみで取り組めたら花マル

三大資金の準備は、長い時間をかけて取り組む一大プロジェクトですから、家族みんなの協力が必要です。家計は夫任せでも妻だけが躍起になり切り盛りしてもいけません。

夫婦は「家計プロジェクト」の共同運営者としてお互いが責任を持って真

剣に取り組まなければなりません。また子どもにもできる範囲で協力を求めることも大切だと思います。

♥年に１回は資産の棚卸

教育資金、住宅資金、老後資金などの積立が計画どおりに実行されているかどうかは、年に１回お金の４分法でチェックします。

【図表107　お金の４分法チェックリスト】

	目標額	金融商品	2008年末残高	2009年末残高
すぐに使えるお金	生活費の３か月分　○○万円	○○銀行普通預金	＊＊＊，＊＊＊円	
10年以内に使うお金	教育資金 ○年後 ○○万円	一般財形 毎月○万円	＊＊＊，＊＊＊円	
		○○銀行定期預金	＊＊＊，＊＊＊円	
	住宅資金 ○年後 ○○万円	住宅財形 毎月○万円	＊＊＊，＊＊＊円	
10年以上先に使うお金	老後資金 ○年後 ○○万円	○○生命 年金保険 満期　○○円	＊＊＊，＊＊＊円	
		個人向け国債 10年もの	＊＊＊，＊＊＊円	
		投資信託 毎月○万円	＊＊＊，＊＊＊円	
万が一に備えるお金	パパの保険	死亡保障○○万円	＊，＊＊＊円	
	ママの保険	死亡保障○○万円	＊，＊＊＊円	
	医療保険	入院○万円	＊，＊＊＊円	

時系列に４分法を表にすることにより、目的別の残高がはっきりします。

すぐに使えるお金がだぶついていれば、その他の目的の貯蓄に加えればいいですし、その時点でよりよい金融商品があれば預け替えることも可能です。

ここがポイント

♡年に１回お金の４分法で、積立額のチェックをしましょう。

Q43 お金の節約はどうしたらいい

Answer Point

♡家計簿をもとに項目別に家計の見直しをします。
♡節約は１度に実施するのではなくキャンペーンを設けるとやりやすいです。

♥家計簿をつけることで節約はかなり成功する

家計簿もつけず、我が家のお金の流れさえも把握していない家計では、節約しようにもなにをどうしていいのかわかりません。でも、家計の収支を把握できるようになると、まず日々のお金の使い方に対しての意識が変わってきます。意識改革ができれば、節約もかなり成功に近づきます。

♥家計の見直しはキャンペーンで

節約のために家計の支出のすべてを１度に見直すのは大変ですから、１か月ごとにキャンペーン項目を設けるとよいでしょう。

今月は食費見直しキャンペーン、来月は日用品見直しキャンペーン、そして次は使途不明金をなくすキャンペーン、そしてその次は光熱費…という具合です。

そしてキャンペーン期間中は、家族揃って少し頑張ってみます。毎日生活全般を節約しながら過ごすのは大変ですが、１か月ごとのキャンペーンであればなんとかなるでしょう。そして工夫しながら、楽しみながらやってみることです。

１か月の成果が出たら、それを今後の家計のスタンダードとします。例えば、キャンペーン月間で食費が２万円節約できたら、その節約後の金額を今後のスタンダードとするのです。新しいスタンダードより食費がオーバーするようなら、再び強化月間で節約を試みるとペースがつかめてきます。

♥固定費の見直しに挑戦

キャンペーン月間が一巡したら、固定費を見直していきます。固定費とは毎月決まった金額が引き落とされている費目です。通帳を確認してみましょう。毎月同じ日で振り替えられているものが固定費です。

例えば、公共料金は最近クレジット払いにすることによって割引があったりクレジットカードのポイントがついたりするサービスがあります。払い方を変えるだけで家計の収支がちょっと改善されます。

また、月払いより年払いにすることにより、１回あたりの支払いが割引になることはよく知られていることでしょう。さらに、料金プランを見直すことも可能かもしれません。

固定費の中で、保険や住宅ローンについては、専門家に見直しを相談するとより一層効果的でしょう。一般家庭において固定費は「毎月決まって支払うもの」と固定観念になってしまいがちで、見直しが難しい項目です。また内容も複雑であったりしますので、自分１人で見直しをしようとせずに、専門家の意見を聞きながら取り組むとよいと思います。

♥カードの積立プログラムを活用する

旅行会社や航空会社の積立プランは、サービス額にして年２～３％相当のメリットがあります。利用は、その旅行会社が企画したツアーの支払いや、航空会社が限定されるなどの制限はありますが、目的がはっきりしたお金の使い道であればお得です。航空会社のマイレージもおすすめです。日常の買物からマイルが貯まるサービスもありますからぜひ活用しましょう。

♥デパートでの買物は友の会を利用する

お中元やお歳暮は必ずデパートでという方には、デパートの友の会の利用もお得です。通常12か月積立をすると１か月分が合計額にオンされて13か月分の積立金額でお買物が利用できるという特典があります。

その他、お店限定のポイントや割引サービスなども利用しましょう。

♥ネットサービスを活用する

忙しいエレガントさんには、ネットサービスもおすすめです。お祝い事や日々の買物にもなかなか時間が自由にならない場合は、ネットでのお買物も時間の節約になります。

ここがポイント

♡家計簿をつけると、問題点を顕在化することができます。
♡家計管理によりお金の意識が高まり、お金が貯まりやすい家計に変えることができます。

8 家計収入をアップして積立額を増やす術は

1馬力家計より2馬力家計でパワーアップ！　終身雇用の時代が終わり、パパ1人の収入で家族を支えるのがとても大変な世の中になってきました。家計でも社会でも女性の力が求められています。

Q44 女性が働く環境は変化しているってホント

Answer Point

♡働く女性の数は年々増えています。

♡女性が働くことにより家計収入がUPし、積立額を増やすことができます。

♥働く人口の半分は女性

一昔前までは女性は結婚すると家庭に入り、子育てや家事に専念するというライフスタイルが主流でした。夫が会社員であれば、年齢とともに給与も増え、家族手当や住宅手当といった本人の会社への貢献度以外での保障も充実していましたので、夫１人の収入で家族を養っていくことができました。

その後、少子高齢化で若い働き手が減少し、社会的にも女性の労働力を求められるようになりました。また女性の職業に対する意識も変化してきました。それとともに徐々に女性の労働条件が整い、結婚している女性・子どもを持つ女性が働き続ける環境が整ってきました。

昭和60年は全雇用者に占める女性の割合は37.3%と４割にも満たなかったのが、平成17年には43.4%と働く人のほぼ半数が女性というところまできています。

【図表108　女性雇用者数の推移】

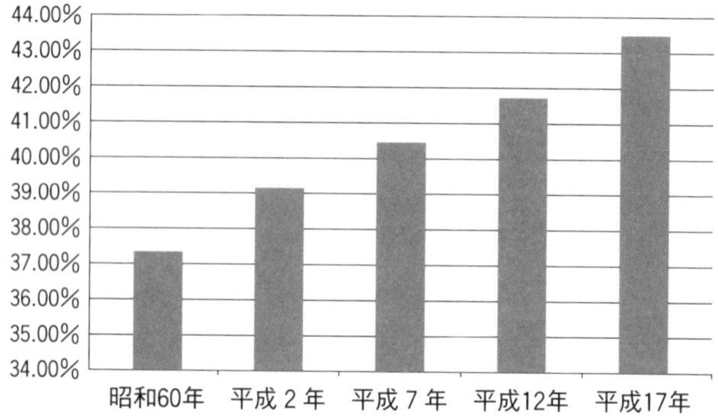

出所：総務省統計局「国勢調査」

♥女性の労働力はＭ字カーブを描く

とはいえ、現実的には学校を終わってから一旦仕事に就くものの、結婚あるいは出産のために一時仕事を辞め家庭に入り、子育てが一段落した後に再就職をするという方が大半です。

【図表109　女性の年齢階級別労働力率の推移】

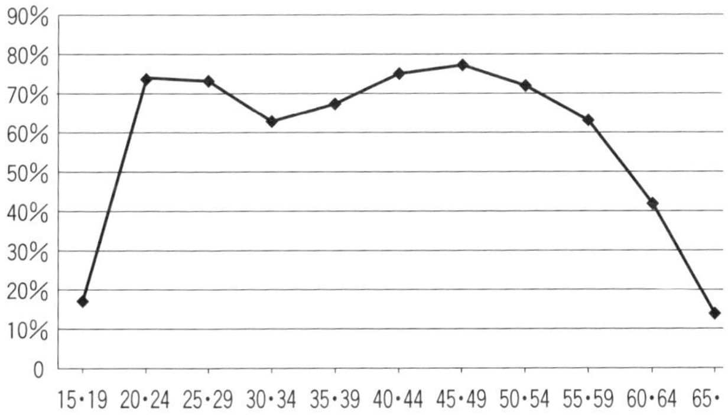

出所：総務省統計局「国勢調査」

このように出産・子育て期にあたる20代後半から30代で労働力率が著しく落ち込む減少をＭ字カーブと呼び、先進諸国の状況と比較し日本特有の現象といわれています。特に日本が家庭を持つ女性・子育て中の女性の就労支援が遅れていると指摘される点です。

子どもを持つ女性に特化した調査においては、最年少の子どもが小学校入学の頃女性の就労率は50%を超え、中学入学の頃に70%を超えることがわかっています。

♥家計収入がUPすると早く目標を達成できる

女性が働くことにより、家計収入をUPすることができると毎月の積立額を増やすことができます。積立額を増やすと、予定よりも早く目標を達成することができます。そしてそれは三大資金以外のゆとりのお金を生み出すことにつながります。

女性が仕事を続ける環境にはまだまだ問題もありますが、それらを１つひとつ解決しながら前に進むことが大切です。

ここがポイント

♡家計の担い手としても社会のエネルギーとしても女性の力は求められています。

Q45 出産・育児でもらえるお金は

Answer Point

♡会社員本人の出産・育児では、健康保険と雇用保険から給付があります。

♥仕事を辞めない選択肢もあり

ライフスタイルの多様化と少子高齢化に伴う女性への労働力としての期待感から、結婚・出産後も働き続けられるようにと職場環境が少しずつ改善されてきています。育児サポートも企業や自治体などの取組みが少しずつ変化しています。子どもにとってよりよい環境を最優先にすることはもっともですが、仕事を辞めない選択も考えてみるとよいと思います。

【図表110　育児で仕事を辞めない選択肢】

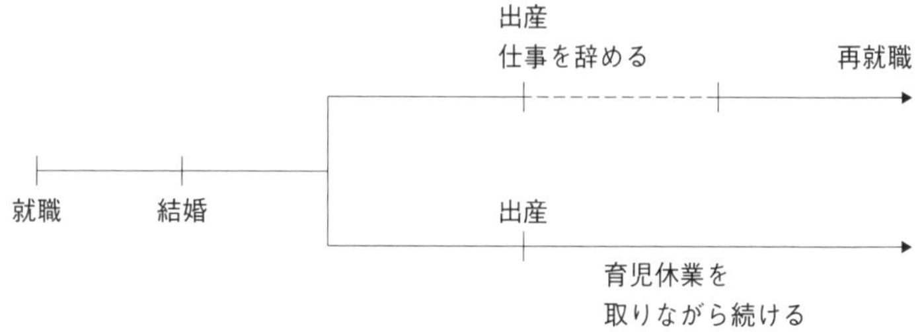

♥会社員本人への給付金

会社員である妻が出産のため仕事を休むと産前の42日間、産後の56日間について出産手当金が健康保険から支給されます。この額は、給与日額のおよそ３分の２です。

そして子どもが生まれると、出産一時金が１児につき35万円もらえます。これは扶養となった妻に対しても夫の健康保険からもらえます。

また、出産後子どもが１歳になるまで妻が育児休業を取得すると、その期間中給与の約30％相当額が雇用保険からもらえます。

さらに、復職後６か月を経過すると、給与の20％相当額が育児休業日数分あとからもらえます。

つまり育児休業中でも、給与の約50％はもらえるというわけです。これらの給付対象期間中は、社会保険料の負担は免除になっています。

また、復職後に子育てのために時短で働いても、将来のもらえる年金が減らないように配慮する厚生年金の特別措置もあります。

【図表111　参考例】

給与20万円　子の１歳の誕生日まで育児休業を取得し復職した場合

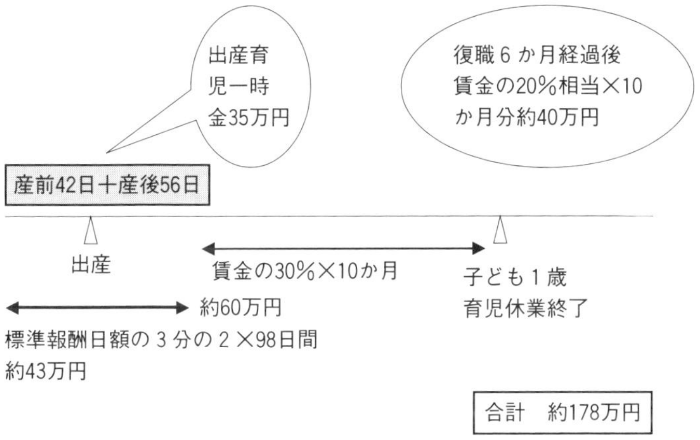

注：給付金の額は平成20年12月現在のものです。

厚生労働省の調査によると、育児休業取得率は男女とも上昇していることがわかります（厚生労働省「平成19年度雇用均等基本調査」）。取得者の大半が女性で、まだまだ男性の取得率は低水準ですが、社会が変わりつつあることがわかります。

【図表112　育児休業取得率の推移】

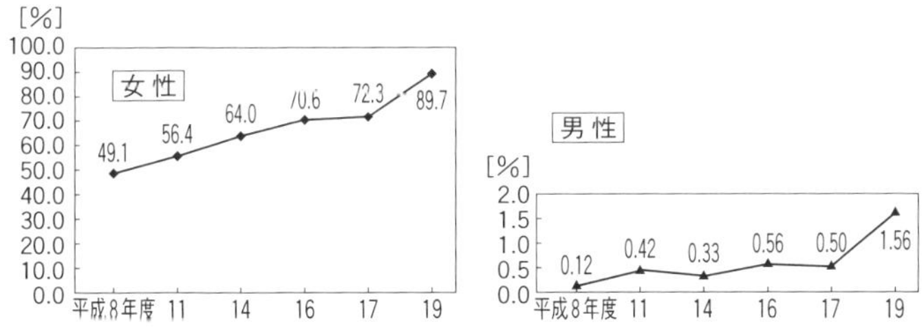

また、育児のための勤務時間短縮等の措置等を導入している事業所割合は約１割上昇し約５割になったそうです。利用可能期間も長期化傾向にあるとのことですから、今後ますます女性が結婚や出産に関らず活躍できる場が増えることでしょう。

ここがポイント

♡子どもを育てながら仕事を続ける環境は、徐々に整備されつつあります。

Q46 扶養範囲内で働くほうがトクってホント

Answer Point

♡税金の負担を差し引いても、手取り収入が増えれば扶養範囲を超えて働いたほうがトクです。

♥妻が年収103万円までなら夫の税金がお得

夫の税金負担が増えるから、妻は年収を103万円までにおさえたほうがいい、これがいわゆる103万円の壁の根拠です。

所得税は、収入から各種控除と呼ばれる経費を差し引いた所得に対してかかります。

控除には、給与所得控除や生命保険料控除、配偶者控除、扶養控除などがあり、このうち妻の年収によって差が出てくるのが配偶者控除です。

配偶者控除は、妻の年収が103万円までであれば38万円認められます。つまり、夫の年収のうち38万円が税金のかからないお金となります。

また、妻自身年収103万円までであれば、給与所得控除と基礎控除を差し引くと所得がゼロになり、所得税がかかりません。そのため妻は、年収103万円で働いたほうがおトクといわれているのです。

夫年収500万円の会社員、妻と小学生の子ども２人の４人家族の例で妻の収入により家計がどのように変化するのか検証してみましょう。

【図表113　妻の収入と税金のシミュレーション】

	妻専業主婦	妻パート	差　　額
妻の年収	0円	1,030,000円	＋1,030,000円
夫の所得税	58,000円	58,000円	0円
夫の住民税	140,000円	140,000円	0円
妻の所得税	0円	0円	0円
妻の住民税	0円	9,000円	−9,000円
家計の収支			＋1,021,000円

注：比較のため各種計算を簡略化しています。

住民税は、年収100万円からかかりますので、家計の税金負担は少し増えますが、夫が負担する税金が増えないので家計としてはおトクということがわかります。やはり、妻の働きは、家計の大きな助けになります。

♥扶養をはずれると税負担は増えるが家計収入も増える

図表114で妻が年収300万円の正社員として働いたケースで比較してみましょう。

【図表114　妻が年収300万円の正社員の場合のシミュレーション】

	妻パート	妻会社員	差　額
妻の年収	1,030,000円	3,000,000円	＋1,970,000円
夫の所得税	58,000円	77,000円	−19,000円
夫の住民税	140,000円	173,000円	−33,000円
妻の所得税	0円	55,000円	−55,000円
妻の住民税	9,000円	119,000円	−110,000円
家計の収支			＋1,753,000円

注：比較のため各種計算を簡略化しています。

税金負担増217,000円

確かに、税金の負担は217,000円増えますが、手取りで1,753,000円家計が豊かになります。妻自身社会保険料を負担することで将来もらえる年金額を増やせますし、なによりも月10万円以上も貯金額が増やせることは、大きなプラスではないでしょうか？

♥夫の家族手当や保育料もチェック

夫の給与に家族手当がついている場合は、支給要件を確認しましょう。会社によっては、妻が扶養をはずれるとカットされる場合もあります。また、子どもが小さい場合は、保育園に預ける費用が思いのほか高かったりします。さまざまな角度から検証してみてください。

家庭のある女性が働くことは、家庭の事情や社会の事情などが絡み合い、決して容易ではありませんが、自分で収入を得ることは家族を支えるとともに、自分の生きがいとなりますから、ぜひ働き続ける方法も探してみましょう。

ここがポイント

♡税金のソントクのみならず、家計全体の収入で考えましょう。

Q47 積立力スキルアップのよい方法は

Answer Point

♡積立力をアップするには、自らの仕事力を高め、それを収入アップにつなげる努力が必要です。

♡仕事力をアップする効率的な方法としては、雇用保険の教育訓練給付金制度を活用しましょう。

♥積立額を増やすには自らの仕事力をアップして収入増を図る

積立額を増やすには、自らの仕事力をアップし、それを収入に反映させるのが早道です。仕事のスキルアップのためには、職業訓練等を受ける必要がありますが､それを公的に援助してくれる制度をフル活用することが大切です。

♥雇用保険加入者なら教育訓練給付制度を利用

教育訓練給付金は、会社員の自己啓発を支援する制度です。在職中でも退職後も利用できます（詳細はハローワークにお尋ねください)。

利用するための資格は、雇用保険被保険者期間３年以上です。ただし、初回のみは、１年以上の勤務期間があれば利用できます。

給付金をもらうためには、厚生労働大臣の指定する養育訓練を受講し、終了しなければなりません。給付額は、教育訓練施設に支払った教育訓練経費の20％に相当する額で、上限は10万円です。

給付の対象となる講座は、次の厚生労働省のHPで調べられます。

http://www.mhlw.go.jp/kyujin/kyoiku/index.html

♥雇用保険受給資格延長も可能

出産・育児のために勤めを辞める方もおられるでしょう。その場合、会社を辞めても仕事を探すわけではないので、失業手当がもらえません。

しかし、出産後落ち着いたら仕事を探したいという場合、失業保険をもらえる権利を最高で３年間延長することができます。

【図表115　出産退職の場合は雇用保険の受給資格を延長できる】

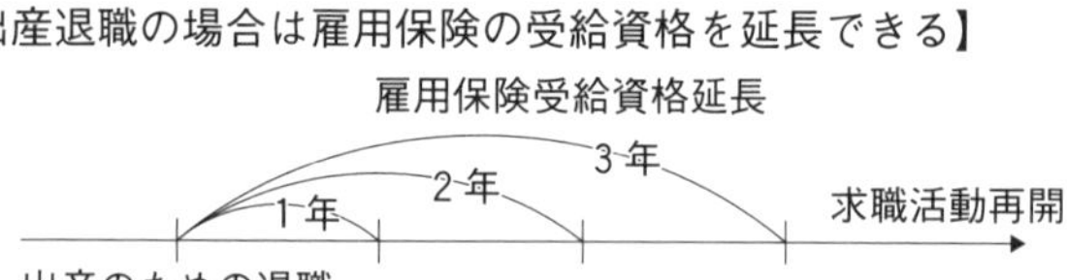

再就職先を探す際に、失業手当をもらいながら、求職者を対象としたスキルアップ講座なども受講できます。こちらも窓口はハローワークです。

♥女性の働きかたも多様化

女性の働きかたも多様化し、会社勤め以外にも自宅でできる仕事、時間がある程度自由になる仕事などさまざまです。自分らしく輝けて、世の中に貢献できる仕事が見つかったら素敵です。

内閣府の「男女共同参画社会に関する世論調査」によれば、女性が仕事を持つことに対する意識が大きく変化したことがわかります。

【図表116　女性が仕事を持つことに対する意識】

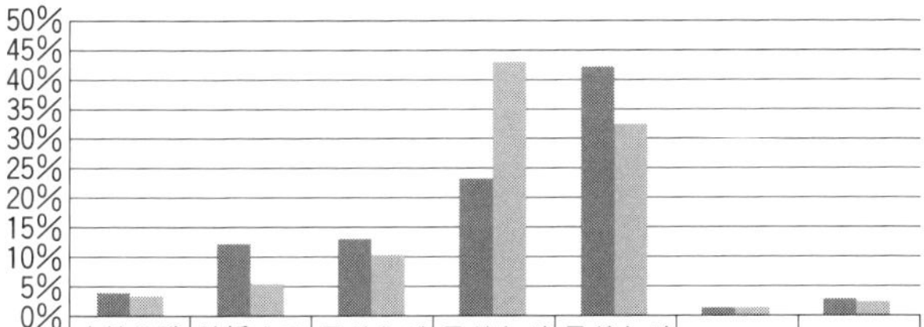

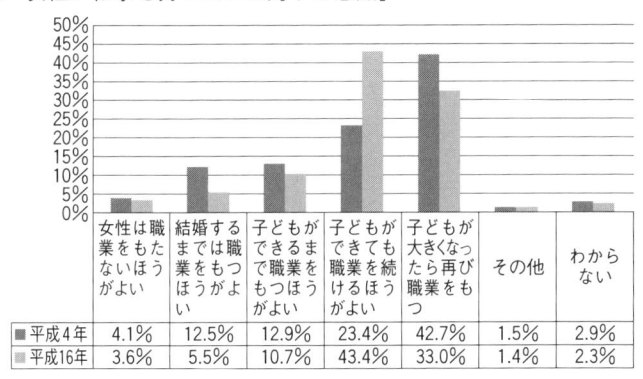

	女性は職業をもたないほうがよい	結婚するまでは職業をもつほうがよい	子どもができるまで職業をもつほうがよい	子どもができても職業を続けるほうがよい	子どもが大きくなったら再び職業をもつ	その他	わからない
■平成4年	4.1%	12.5%	12.9%	23.4%	42.7%	1.5%	2.9%
■平成16年	3.6%	5.5%	10.7%	43.4%	33.0%	1.4%	2.3%

また、平成19年における男女の意識比較では、男女とも女性が職業を持つことに対する肯定意識を持っていることがわかります。

【図表117　男女の職業対する意識比較】

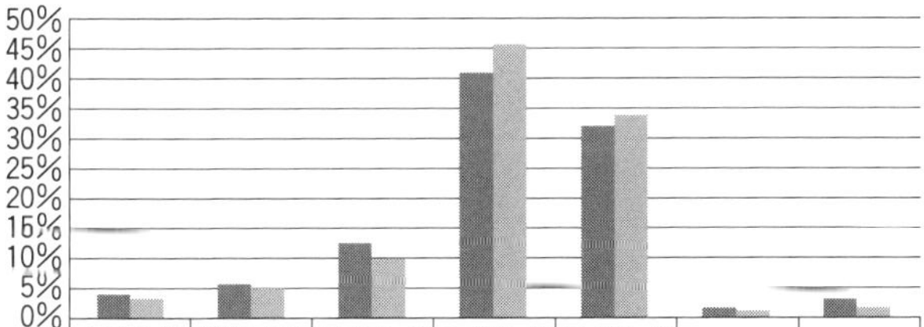

	女性は職業をもたないほうがよい	結婚するまでは職業をもつほうがよい	子どもができるまで職業をもつほうがよい	子どもができても職業を続けるほうがよい	子どもが大きくなったら再び職業をもつ	その他	わからない
■男 性	4.0%	5.9%	12.3%	40.9%	32.2%	1.7%	3.0%
■女 性	3.3%	5.1%	9.5%	45.5%	33.8%	1.1%	1.7%

ここがポイント

♡教育訓練給付金は、在職者も退職者も利用できます。

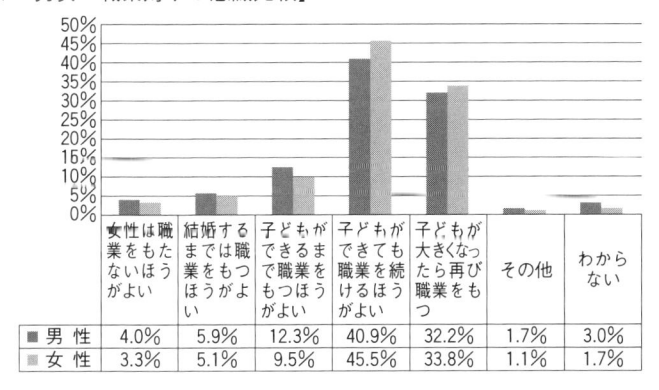

Q48 共働きで積立を成功させるコツは

Answer Point

♡家計の共同経営者として協力することがコツです。

♥相手任せはダメ

共働きであっても、夫だけの収入で暮らしていても、夫婦は家計の共同経営者である、と思い協力することが最も大切なことです。例えば、夫婦のうち片方だけがお金の管理をして、もう片方は相手任せでお金にはまったく無頓着、これではいくら頑張っても結果は出てきません。

また、それぞれが自分のお財布からあらかじめ取決めをした割合で生活費を負担しあっているような場合も、「家計」としての全体像が把握できていないため、同じ様な問題が生じます。目の前の生活費しか見えていませんので、将来にまったく備えていないのです。

毎月与えられた生活費でやりくりしているから、毎月自分が負担する分については、払っているからと役割が済んだ気がしていると、大きな問題に気づかずに過ごしてしまう恐れがあります。家計の目標は家族の幸せのために三大資金を準備することと認識を共有化しなければなりません。

♥夫婦だからこそ情報公開を

対策はなんといっても情報公開です。家計収入はどうなのか、これから増える見込みなのか、厳しくなりそうなのかも夫婦で話し合います。毎月の生活費は妥当なのかどうか、将来の三大資金のための積立額がもし不足するのならば、生活費を見直す、小遣いを見直すなどの軌道修正も必要です。

また、話合いの際には、我が家の全資産の一覧表やお金の4分法を利用した積立計画表などが重要な役割を果たします。

ここがポイント

♡共働きで家計収入が増えても、目的を明確に夫婦で協力しなければ積立は成功しません。

9 マネーセンスをアップしてお金の成長を早める術は

金融商品なんて難しくて…なぜか苦手意識を持つ人が多いお金のこと。でも、世の中が変わり、自分のお金は誰も育ててくれない時代の今、マネーセンスを磨くことは必要不可欠です。

Q49 金融機関の万が一のときは

Answer Point

♡銀行、証券会社、保険会社それぞれ万が一のセーフティネットが違います。

♥銀行のビジネスのしくみは

銀行は、預金者から預かったお金を企業などに貸付をし、貸付先から返済で受け取る利息と預金者に銀行が支払う利息との差額を収益としています。貸した先の返済が滞ったりすると、経営が立ち行かなくなります。

♥銀行預金は1,000万円まで保護の対象

銀行が万が一倒産してしまっても、私たちのお金は預金保護制度（ペイオフ）で守られます。預金保護制度とは、銀行同士がお互いに保険をかけあってつくっている制度です。

守られるお金は、普通預金や定期預金を合わせて元本1,000万円とその利息です。実際には、払出しまでに多少時間がかかることが予想されますが、ちゃんと私たちの手元に帰ってきます。

もし預けたお金が1,500万円であったら…元本1,000万円までとその利息は戻りますが、500万円については、戻ってくるかどうかはわかりません。最終的に銀行の債務処理が終わり、銀行に返せるだけの経済的な体力が残っていれば、その力に応じて返金されるというしくみになっています。

ただし、銀行で取り扱っている商品でも外貨預金などペイオフの対象外のものもありますから注意が必要です。

もちろん、ネット銀行もペイオフが適用されます。

【図表118　銀行預金は1,000万円まで預金保護制度で守られている】

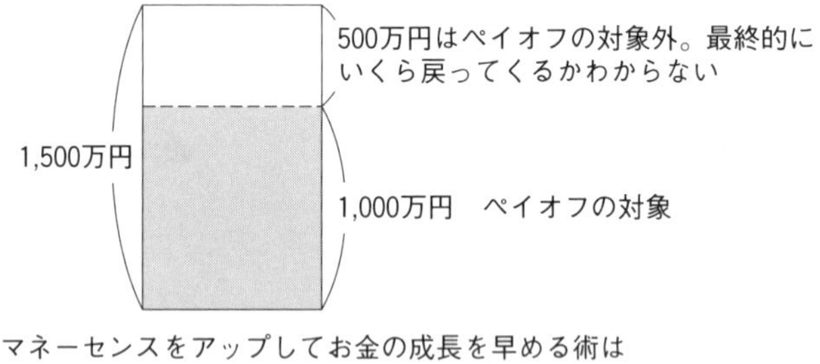

♥証券会社の倒産で私たちは不利益を被らない

証券会社は、株式売買などの手数料を収益としています。投資家がＡ社の株を買いたいと証券会社に申出をすると証券会社はそれを取り次ぎます。投資家のお金は、証券会社の金庫に納まるのではなく株式を発行しているＡ社のものとなります。

したがって、証券会社が万が一倒産しても、投資家は不利益を被ることはありません。Ａ社の株を所有しているという証明さえあれば、他の証券会社を通じていつでも売却の手続をすることが可能です。

以上を図示すると、図表119のようになります。

【図表119　銀行、証券会社の万が一と私たちとの関係】

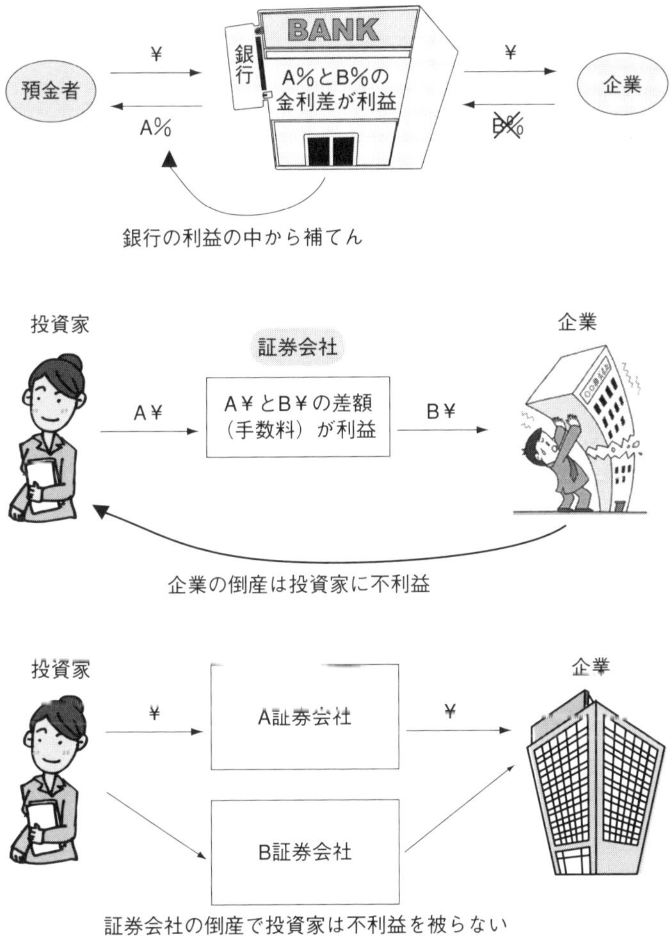

♥生命保険は責任準備金の90％が守られる

生命保険会社の破たんについては、保険契約者保護機構で契約者は守られています。保護の対象は、保険契約の責任準備金の90％です（図表120）。

責任準備金とは、保険会社が保険金支払いに備えて準備しているお金です。身近な言葉では、保険の解約返戻金がほぼ同じと考えていただければ結構です。

破たん時の責任準備金は90％守られるのですが、その後契約が継続して満期金あるいは死亡保険金が当初の契約どおりになるという保障はありません。破たんした後、別の保険会社が契約を引き継ぎ、その保険に対する新しい条件が提示されますが、この条件は必ずしも同じとは限りません。むしろ条件が悪くなる可能性があります。

結果として、死亡保障の減額や満期保険金の減額、年金保険の減額など、契約期間が長く受取額が大きいものが特に影響を受けます。

【図表120　生命保険会社の万が一と私たちとの関係】

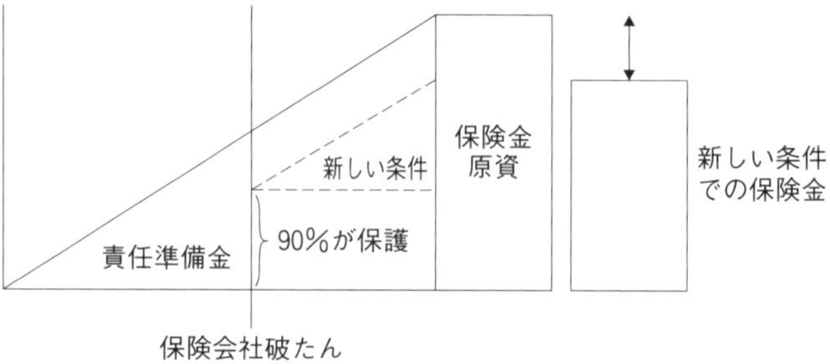

♥金融機関との付合い方のポイントは

私たちは普段何気なく金融機関とつきあっています。近所にあって便利だから…窓口の対応がいいから…昔からの付合いだから…など。

しかし、金融商品の取扱が自由化され便利になった一方、各窓口で販売される商品が複雑になり、利用者が知識を持たずにいるとさまざまなトラブルに見舞われる危険性高まりました。

例えば、銀行では従来の預金だけではなく、保険商品や投資信託も扱っています。ということは、その銀行が倒産というときでも、商品によって取扱いがそれぞれ異なるのです。金融機関と付き合うときは、万が一の取扱いはどうなるのか、一度確認したほうが賢明でしょう。

ここがポイント

♡銀行、証券、保険と身近な商品であっても、万が一の取扱いが違います。

Q50 金融商品のリスクってなに

Answer Point

♡リスクとは不確実性のことをいいます。金融商品によって、リスクの大きさは変わります。

♥リスクとは不確実ということ

リスクは、通常危険という意味で使われますが、お金の世界では不確実性と解釈します。損するかもしれないし儲かるかもしれない、どうなるかわからないという意味です。

リスクの大きさは、%で表示します。過去のデータから算出する不確実な度合を確率で示すのです。

例えば、リスク３%という金融商品があれば、＋３%になる確率と－３%になる確率が同程度存在するという意味です。通常、プラスになる確率とマイナスになる確率は、振り子のようにどちらも同じくらいの可能性があります（図表121）。

【図表121　リスクの確率はプラス・マイナス同程度】

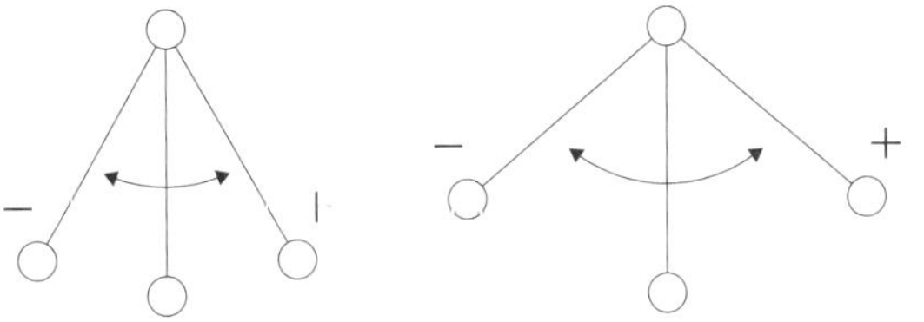

♥金融商品によってリスクはいろいろ

金融商品には、株式や債券などさまざまな種類がありますが、それぞれがもつリスクの度合いは異なります。商品によっては、リスクが大きいものもあれば、小さいものもあります。

例えば、定期預金は、リスクの小さい商品です。金利が決まっていますから、将来の価値が確定しています。あえていえば、銀行が破たんしてしまうかもしれないというところが不確実な部分です。

一方、株は、株価が日々変動し、誰も予測できるものではありませんから、不確実そのものです。いきなり株価が上がるかもしれないし、下がるかもしれません。また、投資した会社が倒産してしまうかもしれないという不確実な要素があります。このわからない部分が大きいか小さいか、金融商品にはそれぞれ特徴があるのです。

【図表122　金融商品のリスク】

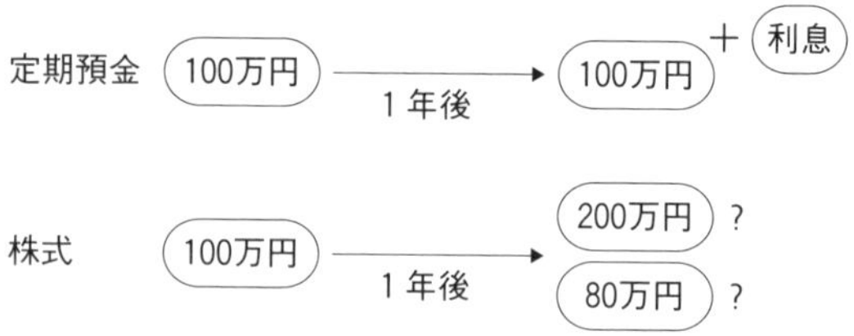

一般的に、株式はハイリスク・ハイリターンで預金はローリスク・ローリターンとされています（図表123）。

【図表123　株式はハイリスク・ハイリターン】

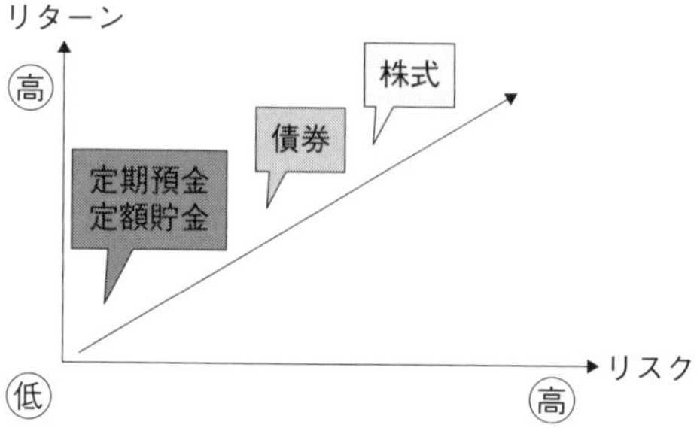

♥リスクと上手に付き合うには

お金の世界では、「リスクとは危険という意味ではなく不確実性という意味」と頭でわかってはいても、損するかもしれない！　と思うだけでイヤなものです。

でも「リスク」を後から読んでみたらどうでしょうか。

「ク・ス・リ（薬）」となりますね。薬は病気を治すために飲むものですが、使い方を間違うと毒にもなります。また自分にあった薬でなければ、病気が治るどころかますます病気を悪化させてしまいます。

リスクとの付合い方も薬と同じ。まず、その効用と副作用もきちんと理解し、適切に使用することが大切です。

ここがポイント

♡リスクとは、不確実性のことをいいます。金融商品によりリスクの度合いが異なります。

Q51 株式投資ってなに

Answer Point

♡株式会社に投資をし、株価の値上がりや配当や株主優待などの企業の利益の分配に期待する投資方法です。

♥株式投資には価格変動リスクがある

ハイリスク・ハイリターンの金融商品の代表例は株式投資です。ある個別の企業を選び、投資し値段が上がったときにその株を売却し、売買の値段の差額を儲けにする（売却益）、あるいはその企業が業績が上がったときに分配を受ける（株主優待や配当）のが目的です。

ご存じのとおり、株式投資はうまくいけばものすごく儲かります。反対に最悪の場合、投資先が倒産すれば、投資額を回収することもできず、お金がなくなってしまうこともあります。

株式のように市場でその会社の株を買いたい人と売りたい人の力関係で株価が上下することを価格変動リスクといいます。

【図表124　価格変動リスク】

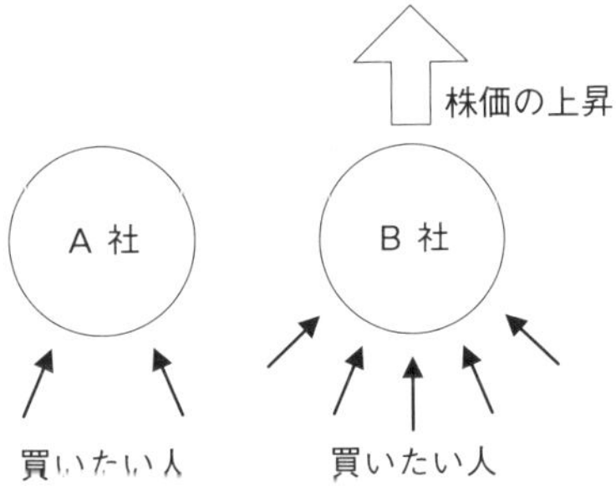

♥初めての株式投資なら

日本で株式が売買されている証券取引所は、東京・大阪・名古屋、福岡、札幌と、JASDAQと呼ばれるベンチャー企業のための市場があり、全部で6か所あります。それぞれ上場をするための基準が設けられており、最も規模が大きく日本の経済を代表する企業の株式が取引されているのが東京証券取引所第一部市場（東証一部）です。

初めて投資するのであれば、東証一部に上場している有名企業の株式を購入するのもよいかもしれません。発行している株式数も多いので、株価の動きが比較的安定しています。

♥株主優待・配当も株式投資の楽しみ

株式投資は株価の値上がりを待って、買った値段と売った値段との差（売却益）を狙いますが、むしろ株主優待や配当を目的に株式投資をする方もいます。株主優待も配当も株主に対する企業の利益の分配です。モノでもらえるのが株主優待で、お金がもらえるのが配当です。

【図表125　株主優待と配当】

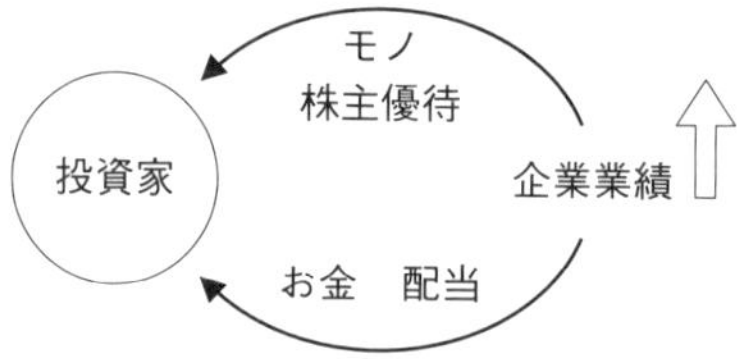

♥株式投資をするなら、ネット証券がおトク

株式投資をする場合、売買時に手数料が発生します。この手数料は、証券会社によって異なり、一般的にはインターネットの証券会社のほうが安い手数料で取引ができます。

ネット証券では、時間を気にすることなく自分のペースで投資する銘柄（企業）を探すこともできますし、初心者向けのコンテンツも充実しています。

また、ネット証券の大手マネックス証券では、買った株式を証券会社に貸して、金利を受け取る「貸株サービス」があり、積極的に売買を行うというより、長期で投資をしたいという方にはおすすめです。

【図表126　マネックス証券の貸株サービス】

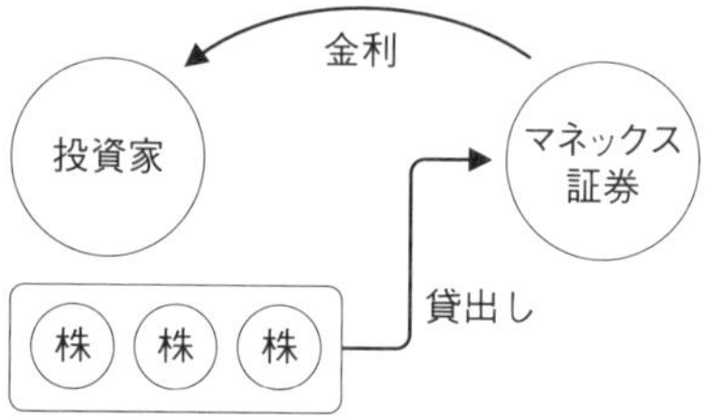

マネックス証券HP　http://www.monex.co.jp/

ここがポイント

♡株式投資には、売買益を狙うことのほか、配当や株主優待を期待する運用方法もあります。

Q52 債券運用ってなに

Answer Point

♡お金を貸してその利息収入を得るのが債券運用です。償還時には元本が戻るので、ミドルリスク・ミドルリターンの商品です。

♥債券を買うということはお金を貸すこと

例えば、国が発行する国債を買うという行為は、国にお金を貸すという意味です。

国債にもいくつか種類がありますが、代表的な利付国債は、あらかじめ貸したお金（元本）が戻ってくる日が決められています（償還期限）。

また、元本だけを返してもらうのではなく、半年に１回利息の支払いも受けられます。身近な金融機関としてはゆうちょ銀行が利付国債の取扱いが豊富です。

償還まで待てば元本が戻り、利払いもあるので安全性の高い債券ですが、もし発行体（国債の場合は、国）が破たんしてしまえば、お金が戻ってこなくなってしまう可能性もあります。この発行体の破たんにかかわる不確実性のことを信用リスクといいます。

【図表127　信用リスク】

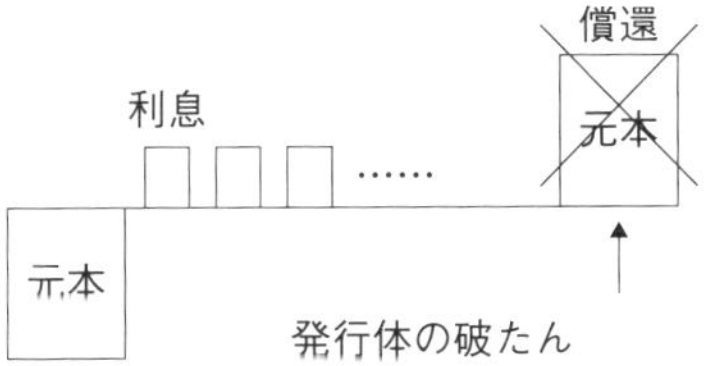

♥償還日前の解約は元本が割れることもある

債券は、償還日前に解約すると元本が割れてしまうことがあります。これは、償還前の債券は市場で売買することになっているからです。市場とは、買いたい人と売りたい人がいて、その力関係で値段が決まっていくところです。市場で債券への人気が高まれば高い値段がつきますし、反対に買い手がつかず値段が下がる恐れもあります。

市場金利が上がると債券の値段は下がり、市場金利が下がると債券の値段が上がる傾向があります。金利の変動によって債券の価値が変動してしまう不確実性のことを金利変動リスクといいます。

【図表128　金利変動リスク】

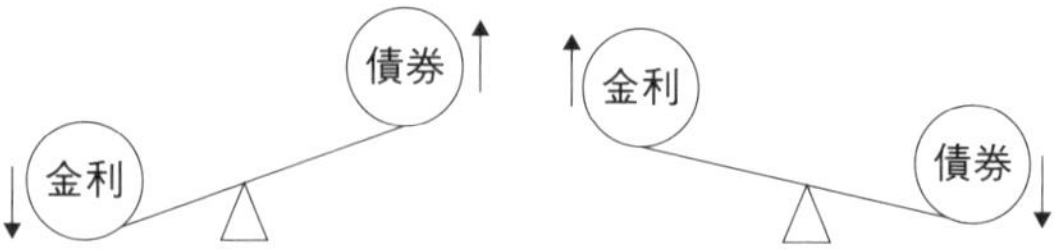

♥中途換金でも元本が割れない個人向け国債

債券は発行体が健全であれば、償還時に元本が戻り利息も受け取れると有利な金融商品ですが、償還日前の解約では手元に戻ってくる金額が減ってしまうリスクがあります。このリスクを国が保証した商品が「個人向け国債」です。

個人向け国債には、固定金利の５年満期のものと変動金利の10年満期の２種類があります。半年ごとに利払いがあり、償還日に元本が戻るというところは利付債券と同じですが、中途換金時に元本を保証していることが最大のポイントです。ただし、中途換金ができない期間がそれぞれ設けられていますので、注意が必要です。個人向け国債は、年に４回発売され、銀行や証券会社で購入できます。

【図表129　２つの個人向け国債の比較】

	変動10 半年ごとに利率が変わる「変動金利タイプ」	固定5 満期まで利率が変わらない「固定金利タイプ」
購入対象者等	個人に限定・募集価格は額面金額100円につき100円・最低額面金額は１万円	
償還期限	10年	５年
償還金額	額面金額100円につき100円（中途換金時も同じ）	
金利	変動金利［年２回(半年ごとに)利払い］	固定金利［年２回(半年ごとに)利払い］
金利水準	基準金利－0.80% (基準金利は、利子計算期間開始時の前月に行われた10年固定利付国債の入札(初回の利子については募集期間開始直前に行われた入札)における平均落札利回り)	基準金利－0.05% (基準金利は、募集期間開始日の２営業日前(10年固定利付国債入札日)において、市場実勢利回りを基に計算した期間５年の固定利付国債の想定利回り)
金利の下限	0.05%	
中途換金	第２期利子支払日（発行から１年経過）後であれば、いつでも中途換金可能	第４期利子支払日（発行から２年経過）後であれば、いつでも中途換金可能
中途換金の特例	保有者がお亡くなりになった場合または大規模な自然災害により被害を受けられた場合は、上記各利子支払日前であっても中途換金することが可能	
中途換金時の換金金額	額面金額＋経過利子相当額 －直前２回分の各利子(税引前)相当額×0.8	額面金額＋経過利子相当額 －４回分の各利子(税引前)相当額×0.8

※個人向け国債の購入に際しては、手数料はかかりません。

出所：財務省 HP より抜粋

ここがポイント

♡債券は、償還時に元本が戻り、利払いもあるので安全性の高い商品です。
♡債券には、信用リスク、金利変動リスクがあります。

Q53 外貨運用ってなに

Answer Point

♡外国の通貨の売買を通し、為替差益と高金利を狙う運用です。

♥利益とは仕入と売値との差

1個100円の品物を仕入110円で売れたら1個につき10円の儲け、90円でしか売れなければ1個につき10円の損です。

外貨運用のしくみは、これと同じです。外国の通貨をできるだけ安く仕入れ、値段が高くなったときに売れば儲かります。

通貨の値段は、為替レートで表します。例えば、為替レートが1ドル100円のときに仕入れて、為替レートが1ドル110円になったら売ればいいのです。このように為替の変動での得られる利益を為替差益といいます。

為替レート1ドル100円に対して1ドル110円になることを円安といいます。同じ1ドルという品物を10円多くお金を払わないと買えない、つまり円の力が弱くなったのです。

一方、為替レート1ドル90円は1ドル100円のときと比較して円高といいます。円の力が強くなったので、同じ1ドルという品物を少ない円で買えるのです。

為替差益を得るためには、円高時に円をドルに換え（ドルを仕入れる）、円安時にドルを円に戻し（ドルを売る）ます。ドル以外の通貨で取引をする際も同じです。

【図表130　外貨運用のしくみ】

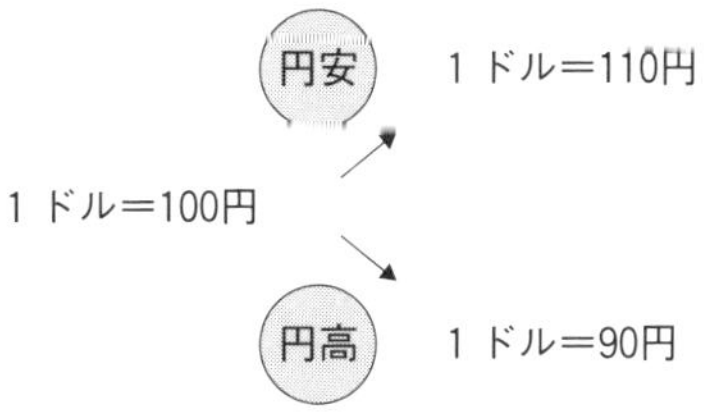

しかし、為替の動きは、誰にも予測ができません。1ドル90円は円高だと思ってドルを仕入れてもさらに円高になることもあります。このように為替の変動で価値が変わってしまうことを為替変動リスクといいます。

♥海外の金利に注目する

海外には、日本より金利の高い国があります。その高金利を目的に外貨運用をする場合もあります。例えば、外国の国債は、日本の国債より利回りがよいので人気があります。

【図表131　外国の国債は利回りがよい】

日本の金利

● 1％

海外の金利

A国　2％

B国　2.5％

C国　4％

D国　4.3％

外国の国債を購入するには、証券会社を通じて直接外国債を購入するか、あらかじめいろんな国の債券がパッケージとなった投資信託を銀行や証券会社で購入します。例えば、野村証券のホームページでは、取扱中の外国の債券の情報を見ることができます。

【図表132　野村証券のホームページの外国債券の情報】

http : //www.nomura.co.jp/

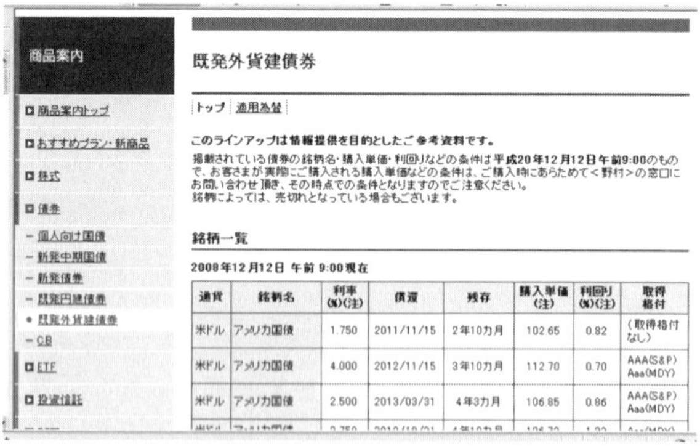

外貨で運用の際に最も注意すべき点は、為替手数料と為替の変動です。いくら金利がよくても手数料が高かったり、為替のタイミングによってはソンをしてしまいます。

運用を始める際には、専門家にメリット・デメリットをよく確認することをおすすめします。

ここがポイント

♡外国通貨を売買して為替差益を狙うことができます。

♡外国の高金利が利用できます。

Q54 投資信託ってなに

Answer Point

♡運用のプロの力を借り、大勢の投資家から集めたお金で個人ではできないようなダイナミックな運用が可能になる運用方法です。

♥投資信託は共同購入

個人で株式に投資したり債券を買ったりすることも可能ですが、運用の効果を上げようと思うとそれなりに手持ちの資金が必要になります。その点、投資信託は、投資家からのお金を集め、そのお金でさまざまな投資商品を購入できるいわば投資の共同購入システムです。

実際の運用は、個々の投資家が行うのではなく、ファンドマネージャーという運用のプロが行います。投資信託の成績のよし悪しは、ファンドマネージャーの腕が左右します。

例えば、個人の株式投資であれば、それほどたくさんの運用資金がありませんから、１度に何社もの株を購入することができません。

しかし、投資信託であれば、ファンドマネージャーのもとにはたくさんのお金が集まっていますから、１度に数多くの企業に投資をすることが可能です。

１度にたくさんの優良な銘柄に戦略的に投資をすることにより、利益を上げる確率を高めることができるのです。これが投資信託のメリットということができます。

【図表133　投資信託のメリット】

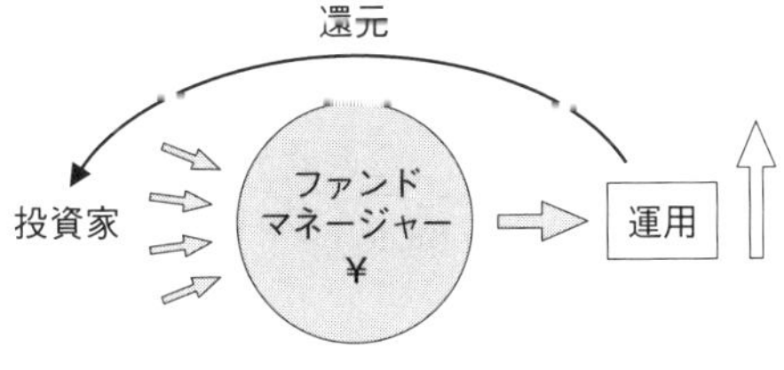

♥投資信託の選び方は

投資信託を選ぶポイントは、図表134のとおり４つあります。

【図表134　投資信託を選ぶポイント】

項　目	説　明
①　どこに投資をするのか	投資信託は、商品によって、株式に投資をするもの、債券に投資をするもの、外国に投資をするものなどがあります。それぞれの投資には、独自の特徴およびリスクがありますから、投資信託を選ぶときも、どこ(なに)に投資をするものなのかをしっかり確認します。
②　どのように投資をするのか	投資信託には、ファンドマネージャーの作戦が反映されます。これからどんな業種、どんな産業が伸びると思っているのか、その投資戦略が運用成績のカギです。商品によっては、分野を絞らず日本の株式市場全体に投資をするものや、ある特定の分野に投資先を絞り込んでいるものなどがあります。 ファンドマネージャーの投資方針は、パンフレットや目論見書で確認できます。
③　手数料	投資信託には3種類の手数料があります。購入時かかるのが販売手数料、持っている間ずっとかかるのが信託報酬手数料、売却時にかかるのが信託財産留保額です。商品によって手数料の%が異なります。
④　過去の成績	その投資信託がこれまでどのような成績をあげてきたのかも大切なポイントです。商品の成績（パフォーマンス）は、運用会社が発行するマンスリーレポートや騰落率（ある一定期間での値段の変動幅）やシャープレシオ（リスク1単位あたりのリターンを示した指標）などをチェックします。

♥市場の平均点を狙うならETF

TOPIX（東証株価指数）などの代表的な経済指数と連動するように設計された投資信託をインデックス型といいますが、その中でも証券取引所に上場されているものをETF（株価指数連動型上場投資信託）と呼びます。

ETFは信託報酬手数料が割安ということもあり人気です。日本経済のリーダー的会社に投資をするということならETFも選択肢となります。

一方運用成績は平均以上を狙っていくという意気込みで運用されている投資信託をアクティブ型といいます。こちらを選ぶ場合は、IFAなどの投資アドバイザーの力を借りながら選ぶことを検討するのもよいでしょう。

IFAとは、Independent Financial Advisor（インディペンデント・ファイナンシャル・アドバイザー）「独立した財務の相談相手」のことです（LPL日本証券より抜粋)。http://www.lpl.co.jp/

ここがポイント

♡投資信託は、プロの力を借りて投資ができるので有利です。

10 エレガントさんのお金育て術は

家庭も仕事も一生懸命な「エレガントな女性」は、人生をエンジョイするのも上手。さらに、お金育てが上手になれば、楽しさ倍増です。経済の成長力を利用して、毎日をより豊かにしましょう。

Q55 お金育てに失敗しないコツは

Answer Point

♡“卵は１つのかごに盛るな！”といわれ、分散投資が資産運用の王道です。

♥分散投資でリスクをコントロール

投資で失敗しないためには、とにもかくにも「分散」が大事です。

まず、お金の４分法。運用に回せるお金は、10年以上先に使うお金です。なぜ10年以上なのかというと、過去のデータから10年という長期で運用をすると、お金が大きくマイナスになることはなかったということがわかっているからです。

また、運用で失敗しないためには、投資先を分けるとよいこともわかっています。これを言い表したイギリスの古い言葉、“卵は１つのかごに盛るな”は有名です。

投資先を分けるとは、株式や債券や外貨など特徴の違う投資商品で運用することです。株式も債券も外貨もその価値を変動させる要因が異なります。そのため、株式が悪いときでも債券がよかったり、債券がダメでも外貨がよかったりと価値の変動に違いがあり、分散をすると全部がダメになってしまう確率が非常に少なくなるのです。

【図表135　分散投資でリスク回避】

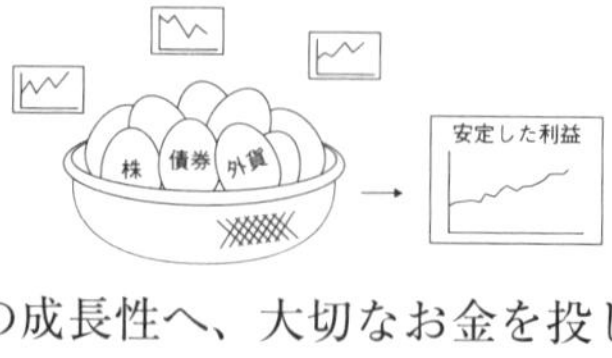

投資は、未知の将来の成長性へ、大切なお金を投じる行為です。わからないのに決断をしなければなりませんので、とても恐ろしいことです。その中でただ１つわかっていることは、過去のデータです。

私たちが過去から学べる投資の王道が、分散投資と長期運用なのです。

ここがポイント

♡安定した投資のためには、分散投資と長期運用がカギ。

Q56 我が家のお金育てをトータルでアドバイス受けるには

Answer Point

♡お金育てのパートナー、ファイナンシャルプランナーが力になります。

♥ファイナンシャルプランナーができることとは

お金のアドバイスが受けられる窓口は、銀行や証券会社、保険会社などさまざまあります。しかし、それらの窓口を訪ね我が家に適した金融商品を探すのは時間もかかりますし、なかなかできることではありません。

そんなときに、家庭のお金全般についてアドバイスをし、適切な金融商品を紹介してくれるのがファイナンシャルプランナーです。

ファイナンシャルプランナー（FP）は、ライフプラン・社会保険・金融・税金・不動産・保険・相続といった人生においてだれもがいつかは経験するような暮らしにかかわるお金について、知識をもった専門家です。

FPの資格には大きく２つあり、国家資格であるFP技能士（１級・２級・３級）とNPO日本FP協会が認定する資格（AFP・CFP）があります。

【図表136　ファイナンシャルプランナーの資格】

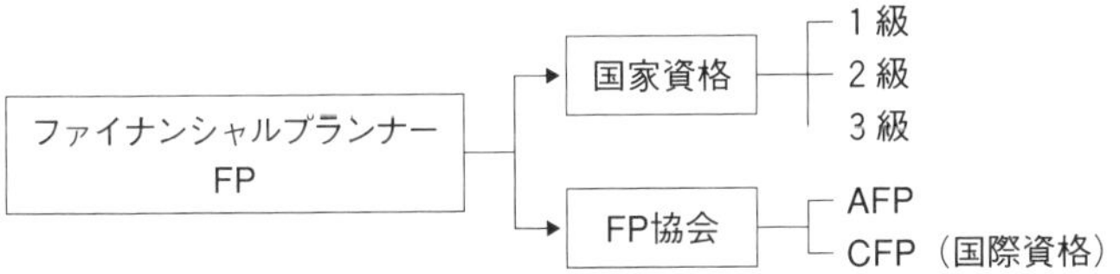

このうちCFPは、日本国内のみならず海外でも通用する国際資格です。

FPの資格を保有する人の多くは、金融機関に勤めている人といわれています。銀行や証券会社、保険会社など普段の業務にFP知識を活かしよりよいサービスの提供に努めている人たちです。

一方、少数ではありますが、「独立系」と呼ばれ、どこの金融機関にも所属しないFPもいます。独立系のFPは、特定の会社に勤めていませんから、特定の商品に固執せず、幅広い商品の中からお客様のニーズにあった商品をご紹介できるというメリットがあります。

FPに相談してみたいという方は、FP協会でFPの検索や紹介を受けることもできます。

TEL：0120－211－748（平日10：00－17：00）
http://www.jafp.or.jp/cfp/agreement.htm

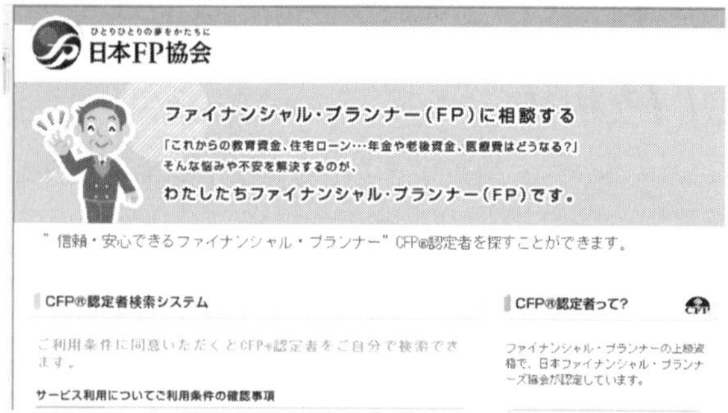

♥自分で勉強も

NPO日本FP協会が認定するFP資格（AFP、CFP）は、更新制で継続的に勉強を続けるための費用もかかりますが、別に国家資格FP技能士は更新がない資格です。国家資格FP技能検定には、3級・2級・1級があり、特に3級は誰でも受検が可能なので、個人の生活を豊にするためにFP知識を持ちたいという方にも人気があります。

毎日使うお金のことなのに、なぜか苦手意識がある…これは、お金の知識が整理整頓されていないからです。いろんな情報が頭の中で混乱してしまっているので、なんとなく「お金のことは難しい」となってしまうのです。
とはいえ、お金とは日々向かい合っていかなければなりませんし、なにより生活を支える大切なお金ですので、一度FPの勉強をしてみるのもよいと思います。

もちろん国家資格ですから合格すれば、履歴書にも書くことができますし、一生涯の資格として役立ちます。試験を受けずとも、書店で3級FP技能士の参考書を購入して一通り目を通すだけでも十分有益です。

ここがポイント

♡ファイナンシャルプランナーからは、家庭のお金全般のアドバイスを受けることができます。
♡独立系のFPは金融機関に属していませんので、客観的なアドバイスが期待できます。

Q57 エレガントさんが目指すべきことは

Answer Point

♡経済の成長力に投資し、お金を育てる術を学びましょう。

♥人生を豊かにするための知恵

人はよりよい人生を送りたいと思っています。世界中の人たちが、今晩の寝る場所の心配をせず、明日の食事の心配をせず、夢をもって生きたいと思っているに違いありません。そんな人々の思いをかなえる手段の１つが、経済活動です。経済が豊かになることは、人々の暮らしが豊かになること。だからこそ経済を学びその恩恵を受ける知恵「投資の知識」を持つことが必要です。投資をすることで、世界に貢献する企業を応援することができます。投資することで、チャレンジしたいと願う人々を応援することができます。そして投資家は経済が大きく成長しようとする力を借りることができます。豊かになりたいという人々の思いに、企業が応えていく、その力が経済成長率です。

豊かな人生を送るためには、やはり人任せではいけません。自らも目標をもち自分の足で歩いていかなければ、幸せをつかむことはできないでしょう。そして自分の夢を実現するためにお金にもしっかり自立して稼いでもらう、…それが、エレガントさんに目指してもらいたいところです。

♥資産とは人生の力となってくれるすべて

お金があるから幸せになれるわけではありませんが、お金があることで生活の不安を解消し、幸せに向かって頑張り続けることができます。

資産とはなにも「お金」だけとは限りません。家族との思い出であったり、お世話になった方々であったり、自分のキャリアであったり…これからの人生の力となってくれるすべてが財産です。お金の残高だけを気にするのではなく、より豊かな人生を送るため、人生を楽しむためにお金と上手に付き合っていく、これがエレガントな生き方です。

ここがポイント

♡お金で夢は買えないけれど、お金は夢をかなえる大切なサポーターです。

著者略歴

山中　伸枝（やまなか　のぶえ）

ワイズライフFPコンサルタント代表。心とお財布をハッピーにする専門家。ファイナンシャルプランナー（CFP）。確定拠出年金アドバイザー。

1993年米国オハイオ州立大学ビジネス学部卒業。

メーカーにて、国際業務、経理・人事業務を担当し、2002年AFP資格を取得後、個人事務所ワイズライフFPコンサルタントを設立、フリーのFPとして活動中。

http//www wiselife.biz/

「心とお財布をハッピーに！」をモットーに、お客様のお金の不安に丁寧に向き合ったコンサルティングが特徴。

大学、企業、金融機関などが主催する資産運用セミナー、ライフプランセミナーなどの講師実績多数。

マネーコラム執筆も連載を含め多数行っている。

積立で1億円準備する「お金育て術」Q&A

2009年4月20日　発行

著　者　山中　伸枝　©Nobue Yamanaka

発行人　森　忠順

発行所　株式会社セルバ出版

〒113-0034

東京都文京区湯島1丁目12番6号高関ビル5B

☎ 03(5812)1178　FAX 03(5812)1188

http://www.seluba.co.jp/

発　売　株式会社創英社/三省堂書店

〒101-0051

東京都千代田区神田神保町1丁目1番地

☎ 03(3291)2295　FAX 03(3292)7687

印刷・製本　大阪書籍印刷株式会社

ISBN978-4-86367-004-4